REPAS

DESSERTS

soupesoup

CAROLINE DUMAS

soupesoup
À LA MAISON

photos de
DOMINIQUE LAFOND

Catalogage avant publication de Bibliothèque et
Archives nationales du Québec et Bibliothèque et Archives Canada

Dumas, Caroline

Soupesoup à la maison

Comprend un index.

ISBN 978-2-89077-448-3

1. Soupes. 2. Livres de cuisine. I. Titre.

TX757.D852 2012 641.81'3 C2012-941311-9

Design : Annie Lachapelle, en collaboration avec Pierre-Antoine Robitaille /
Atelier Chinotto
www.chinotto.ca

La réalisation du ePub complémentaire Liste d'épicerie Soupesoup à la maison a été rendue possible grâce à la collaboration de Studio C1C4.
www.studioc1c4.com

ISBN 978-2-89077-448-3

Dépôt légal BAnQ : 3e trimestre 2012

Cet ouvrage, composé en Knockout (Hoefler & Frere-Jones)
et Archer (Hoefler & Frere-Jones),
a été imprimé par Friesens au Manitoba, Canada.

www.soupesoup.com

www.dominiquelafond.com

www.flammarion.qc.ca

Aux clients de Soupesoup...
parce que j'ai toujours voulu qu'ils se sentent comme
à la maison dans mes restaurants.

« Ce qui compte finalement ce sont tous les sentiments
généreux qui font qu'on peut aimer nourrir les autres. »
Jacky Durand

La même question se pose chaque soir lorsque j'ouvre la porte de la maison : quel miracle vais-je pouvoir faire avec ce qu'il y a dans le frigo ? J'ai beau me lever à l'aube pour préparer un repas de noces, courir présenter des recettes à la télévision, passer le reste de ma journée à organiser les menus et les équipes de mes restaurants, je suis toujours heureuse de retrouver ma propre cuisine pour concocter quelque chose et guetter l'approbation des miens.

De cet élan, de rencontres, de souvenirs et de ma chance est né ce livre. J'y ai mis des classiques, comme le macaroni à la viande que ma mère préparait toutes les deux semaines. La famille raffole de ce plat à la bonne franquette et, les soirs où je m'en ennuie, c'est moi, la reine du foyer ! Tant qu'à être reine, pourquoi ne pas leur faire un Reine-Élisabeth, le premier dessert que j'ai préparé pour la fête de mon père ? Il était si dur à couper que le morceau a fait un vol plané... Aujourd'hui, mon gâteau a bien évolué : sucré presque uniquement aux dattes et au miel, souvent fait avec de l'épeautre, il est assez bon, Sa Majesté !

Je suis toujours à l'affût d'une recette de famille chez les voisins, de légumes inconnus dans les épiceries asiatiques ou d'un goût différent dans un plat venu d'ailleurs. Comme ce giouvetsi grec dégusté chez Cava à Montréal. Un soir, j'y suis allée dans le seul but d'en manger, mais j'avais oublié le nom du plat. Avouez qu'il n'est pas facile à retenir. Je l'ai décrit à la jeune fille et elle m'a dit : « Ah oui ! le veau avec la cannelle et le clou de girofle ? On ne l'a plus au menu ! » J'étais déçue, mais bien contente de connaître le secret des épices ! Je l'ai tellement travaillée, cette recette (p. 206)... Bien sûr, j'aurais pu la demander, mais cela m'aurait privée du plaisir de la tester !

Autre coup de cœur : cette soupe à la banane plantain dégustée au National, à New York. Entre vous et moi, il est assez rare que j'aie envie de manger de la soupe dans un resto, mais celle-ci a piqué ma curiosité. Le plantain n'est pas un aliment très populaire, alors je me suis dit que le résultat devait valoir le coup si on l'avait mis au menu. Wow ! Chaque cuillère m'inspirait tellement d'éloges que j'en ai mémorisé le goût pour en faire une recette (p. 66).

Et puis, je ne crains ni les recherches ni les expériences pour manger mieux. Comme Popeye, nous manquons de fer, et ce ne sont pas les épinards qui vont nous en donner... Je découvre que les palourdes en contiennent plus qu'un foie de veau, et c'est tant mieux parce qu'un spaghetti vongole (p. 174) ou une casserole de palourdes au chorizo (p. 62), ça ne prend que quelques minutes à préparer !

J'ai mangé sans gluten durant une année, et j'y ai pris goût ! Résultat : plus de fruits, plus de légumes, des farines nouvelles et le défi d'adapter le plus de recettes possible. Ce livre offre donc une multitude d'options à ceux qui veulent limiter la place prise par le gluten dans leur alimentation. Mais il faut reconnaître que le gâteau aux carottes (p. 236) ne garde son bon goût que si l'on y met de la farine de blé. Même si je n'ai pas pu m'empêcher de le bonifier avec de l'huile d'olive et de la mangue en purée.

J'essaie de vivre et de cuisiner avec le moins de sucre possible, car le diabète et les maladies cardiovasculaires font des ravages autour de nous. Je choisis également des sucres plus naturels, plus intéressants... et souvent plus savoureux : du sucre de palme pour relever les vinaigrettes et les soupes asiatiques, du miel produit localement, du xylitol — un édulcorant naturel issu du bouleau.

Lorsque j'étais enfant, je rêvais du moment où mes parents sortiraient. Enfin, on allait pouvoir jouer à cuisiner ! Mon grand frère inventait des recettes et moi, je m'amusais à parfumer le Minute Rice. Aujourd'hui, j'apprécie chaque jour à mes fourneaux comme si tout cela était un jeu. Plus le défi est grand, plus l'adrénaline opère ! C'est vraiment une joie que de faire plaisir, de rendre service, de nourrir les gens... et de partager ce deuxième livre de recettes à la maison avec vous.

encore des SOUPES !!!

SOUPE FROIDE DE MANGUE AU GINGEMBRE

4 PERSONNES

2 c. à soupe d'huile de pépins de raisin ou d'olive

2,5 cm (1 po) de gingembre râpé

3 à 4 mangues mûres en gros morceaux

Zeste de 1 lime bio + jus de 2 limes

125 ml (½ tasse) de yogourt grec

⅓ piment cubanelle

1 concombre libanais non pelé

Chair de crabe (facultatif)

Sel de mer et poivre du moulin

CHAUFFER 1 c. à soupe d'huile dans une poêle à feu moyen. Faire revenir le gingembre de 2 à 3 min sans le colorer et retirer du feu.

BROYER les mangues au mélangeur avec le gingembre dans son huile, le zeste, le jus de lime et le yogourt. Ajuster la consistance avec de l'eau froide, assaisonner.

RÉFRIGÉRER 1 h.

TAILLER le piment et le concombre en brunoise. Mettre cette brunoise dans un bol, verser 1 c. à soupe d'huile, assaisonner et laisser mariner 10 min.

SERVIR la soupe garnie de concombre et de chair de crabe, si désiré.

-

MANGUE ET POIVRONS RÔTIS EN GASPACHO

4 PERSONNES

2 mangues mûres en gros morceaux

2 poivrons rouges rôtis, pelés grossièrement

½ piment chili épépiné, émincé

Jus de 1 à 2 limes

Eau froide

1 concombre libanais en petits dés

⅓ piment cubanelle ou Serrano en petits dés

Huile parfumée à l'ail (ci-dessous)

Herbes fraîches* (facultatif)

Sel de mer et poivre du moulin

* N'hésitez pas à utiliser les herbes parfumées de votre jardin : sauge ananas, verveine citron, basilic grec, etc. Amusez-vous !

HUILE PARFUMÉE À L'AIL

Chauffer 4 c. à soupe d'huile d'olive à feu très doux. Ajouter 1 à 2 gousses d'ail jeune, écrasées et dégermées. Chauffer 2 min, réduire la température ou retirer du feu si des bulles se forment autour de l'ail. Laisser infuser 15 min hors du feu avant d'enlever les gousses d'ail. Garnir la soupe d'un trait d'huile parfumée et réserver le reste pour une vinaigrette future.

BROYER les mangues, les poivrons et le piment fort avec le jus de lime au mélangeur.

AJUSTER la consistance avec l'eau, assaisonner.

RÉFRIGÉRER 1 h.

GARNIR chaque bol de concombre, de piment cubanelle, d'huile parfumée et d'herbes fraîches, si désiré.

SOUPE DE CONCOMBRE AU YOGOURT DE CHÈVRE

4 À 6 PERSONNES

3 concombres anglais ou
10 concombres libanais,
partiellement pelés, en morceaux

2 gousses d'ail jeune hachées
finement ou râpées à la microplane

10 feuilles de menthe ou de sauge
ananas hachées

3 c. à soupe d'huile d'olive

125 à 250 ml (½ à 1 tasse) de
yogourt de chèvre grec (10 %)

Zeste de 1 citron bio

2 c. à soupe d'amandes effilées
grillées à sec

Sel de mer et poivre du moulin

BROYER les 6 premiers ingrédients
au mélangeur.

AJUSTER la consistance avec de l'eau
froide, assaisonner.

RÉFRIGÉRER 2 h.

GARNIR chaque bol d'amandes et d'un
filet d'huile.

-

SOUPE FROIDE À L'OSEILLE ET AVOCAT

3 À 4 PERSONNES

Feuilles de 1 bouquet
(120 g / 4 oz) d'oseille

2 avocats en morceaux

1 concombre libanais en morceaux

180 à 250 ml (¾ à 1 tasse) de
yogourt grec

1 à 2 gousses d'ail jeune hachées
très finement ou râpées à
la microplane

250 à 500 ml (1 à 2 tasses)
d'eau froide

Sel de mer et poivre du moulin

BROYER les 5 premiers ingrédients
au mélangeur, en réservant quelques
feuilles d'oseille pour la garniture.

AJUSTER la consistance avec l'eau,
assaisonner.

RÉFRIGÉRER 1 h.

RAJOUTER de l'eau au besoin, rectifier
l'assaisonnement et garnir de feuilles
d'oseille ciselées.

-

EN REPAS

Servir avec un morceau de poisson
blanc cuit, comme la soupe froide
de carotte à l'ouzo (p. 26).

AJO BLANCO

Soupe espagnole rafraîchissante

4 PERSONNES

250 ml (1 tasse) d'amandes en poudre

2 à 3 gousses d'ail jeune

1 petite tranche de pain blanc* sans croûte en cubes

2 à 3 c. à soupe d'huile d'olive

1 trait de vinaigre de vin blanc

375 ml (1 ½ tasse) d'eau froide

250 ml (1 tasse) de raisins verts sans pépins

2 c. à soupe d'amandes effilées grillées à sec ou quelques amandes fumées tranchées

Sel de mer et poivre du moulin

* Pour une version sans gluten, choisir du pain de riz blanc.

BROYER les amandes en poudre, l'ail et le pain au mélangeur avec l'huile et le vinaigre.

AJOUTER l'eau et les raisins, en réservant quelques grains pour la garniture, et continuer à broyer.

AJUSTER la consistance avec un peu plus d'eau au besoin, assaisonner.

RÉFRIGÉRER 1 h.

GARNIR d'amandes effilées, d'un filet d'huile d'olive et de quelques raisins coupés en deux.

-

FRAISES ET TOMATES EN GASPACHO

4 PERSONNES

1 concombre en très petits dés

12 fraises en très petits dés

1 avocat en très petits dés

1 piment cubanelle en très petits dés

½ à 1 piment chili épépiné, émincé finement

2 gousses d'ail jeune hachées finement ou râpées à la microplane

60 ml (¼ tasse) de coriandre + 60 ml (¼ tasse) de menthe

2 tomates râpées

Jus de 1 à 2 limes

2 c. à soupe d'huile d'olive

250 à 500 ml (1 à 2 tasses) d'eau froide

Sel de mer et poivre du moulin

RÉUNIR tous les ingrédients dans un bol. Touiller légèrement et assaisonner.

LAISSER MACÉRER 1 h au réfrigérateur avant de servir.

À LA PASTÈQUE

Remplacer les fraises et l'avocat par ½ petite pastèque. Broyer la soupe au mélangeur et relever d'un trait de vodka, si désiré.

SOUPE FROIDE DE CAROTTE À L'OUZO

4 PERSONNES

6 carottes fines de jardin pelées, en morceaux

2,5 cm (1 po) de gingembre en morceaux

1 échalote française émincée

250 ml (1 tasse) de jus d'orange + 250 ml (1 tasse) d'eau

Jus de 1 lime + jus de ½ citron

2 à 4 c. à soupe d'ouzo ou de pastis

4 morceaux de 100 g (3 ½ oz) de poisson blanc Ocean Wise pochés (ci-dessous)

Sel de mer et poivre du moulin

POISSON POCHÉ

Chauffer 2 c. à soupe d'huile d'olive dans une poêle à feu moyen. Faire tomber 125 ml (½ tasse) de poireau et ½ petit bulbe de fenouil émincés finement. Assaisonner et mouiller avec 250 ml (1 tasse) d'eau. Pocher le poisson 5 min dans ce bouillon.

EN SHOOTER

Cette soupe peut aussi être servie sans le poisson dans de petits verres à shooter.

PLACER les carottes, le gingembre, l'échalote, le jus d'orange et l'eau dans une casserole et amener à ébullition.

RÉDUIRE la température et laisser mijoter à couvert jusqu'à ce que les carottes soient tendres (environ 15 min).

RETIRER le gingembre et broyer la soupe au mélangeur.

AJOUTER les jus de lime et de citron, l'ouzo et un peu d'eau froide jusqu'à la consistance désirée. Assaisonner.

RÉFRIGÉRER 2 h.

SERVIR en déposant dans chaque assiette un morceau de poisson poché sur la soupe.

-

LAIT DE PANAIS AU COING

4 À 6 PERSONNES

2 c. à soupe de beurre

1 oignon haché

2 gousses d'ail hachées

500 ml (2 tasses) de panais en dés

500 ml (2 tasses) de lait 3,25 %

500 ml (2 tasses) d'eau

Grains de 1 gousse de vanille

1 coing pelé et épépiné, en fins quartiers

1 pincée de safran espagnol ou perse

2 c. à soupe de miel*

Sel de mer et poivre du moulin

* Le miel d'été d'Anicet est incomparable.

VARIANTES

On peut remplacer le coing par une pomme jaune.

Cette soupe serait aussi délicieuse garnie de pétoncles grillés épicés.

CHAUFFER le beurre dans un chaudron à feu moyen-vif. Faire dorer l'oignon et l'ail de 2 à 3 min.

INCORPORER les panais, assaisonner et cuire doucement en évitant de colorer, de 6 à 7 min.

VERSER le lait, 250 ml (1 tasse) d'eau et la vanille.

RÉDUIRE la température du feu pour éviter l'ébullition. Poursuivre la cuisson jusqu'à ce que les panais soient tendres (environ 10 min).

BROYER la soupe au mélangeur et réserver.

CHAUFFER 250 ml (1 tasse) d'eau dans une casserole. Ajouter le coing, le safran et le miel.

FAIRE CUIRE jusqu'à ce que le coing soit tendre (ajouter un peu d'eau au besoin) et retirer du feu. Laisser tempérer dans le liquide.

SERVIR la soupe chaude ou froide, garnie des tranches de coing et d'un filet de leur sirop de cuisson.

POT-AU-FEU DE JEUNES LÉGUMES

Librement inspiré d'une entrée de Pierre Gagnaire dégustée à Cannes

4 PERSONNES

1,5 l (6 tasses) d'eau

2 branches de thym

2 feuilles de verveine citron ou de menthe

1 c. à soupe de sucre de canne

½ c. à thé de sel de mer

4 carottes nouvelles pelées, avec les fanes

3 betteraves jaunes pelées, en quartiers

3 radis avec les fanes, coupés en deux

3 rabioles pelées, en quartiers

2 petits bulbes de fenouil coupés ou émincés sur la longueur

2 jeunes poireaux coupés en tronçons de 6 cm (2 ½ po)

4 asperges vertes fines

4 asperges blanches

4 asperges sauvages (facultatif)

4 framboises coupées en deux

4 mûres coupées en deux

4 cerises de terre coupées en deux

4 cerises blanches ou rouges coupées en deux

JEUNES LÉGUMES

Dans cette soupe, les légumes sont choisis pour leur fraîcheur. On les pèle délicatement en conservant, autant que possible, quelques centimètres de fanes pour faire joli. Surtout, ne vous empêchez pas de faire la recette s'il vous manque l'un des légumes ou fruits de la liste.

AMENER l'eau à ébullition dans une casserole. Ajouter les herbes, le sucre et le sel.

CUIRE les carottes dans ce bouillon jusqu'à ce qu'elles soient tendres mais fermes. Retirer les carottes et réserver.

CUIRE les betteraves, les radis, les rabioles dans le même bouillon. Réserver dès qu'ils sont tendres.

BLANCHIR 3 min le fenouil, le poireau et les asperges vertes et blanches dans le bouillon. Réserver ces légumes.

RETIRER le bouillon du feu, enlever les herbes, rectifier l'assaisonnement et ajouter de l'eau au besoin.

RÉPARTIR les légumes cuits et crus, ainsi que les petits fruits, dans 4 assiettes creuses.

VERSER le bouillon tiède dans les assiettes et déguster cette magnifique récolte !

asperge sauvage

PAPPA AL POMODORO

Soupe italienne à la tomate fraîche

4 PERSONNES

7 tomates en quartiers

2 gousses d'ail en chemise

4 c. à soupe d'huile d'olive

½ ciabatta en morceaux ou ¼ baguette en rondelles ou pain sans gluten

500 à 750 ml (2 à 3 tasses) d'eau bouillante

6 feuilles de basilic et / ou d'origan ciselées

Quelques feuilles de roquette hachées (facultatif)

Sel de mer et poivre du moulin

EN REPAS

Servir cette soupe en déposant un œuf poché dans chaque bol.

PRÉCHAUFFER le four à 200 ºC (400 ºF). Tapisser une plaque de papier parchemin.

DISPOSER les tomates et l'ail sur la plaque. Saler, poivrer et arroser de 1 c. à soupe d'huile. Enfourner 25 min.

SORTIR la plaque du four, mouiller le pain avec l'huile et le jus de cuisson avant de le déposer entre les tomates. Poursuivre la cuisson au four 10 min.

PELER grossièrement les tomates et les écraser doucement à la fourchette. Extraire la pulpe de l'ail et transférer le tout dans un bol.

VERSER l'eau jusqu'à la consistance d'une soupe. Garder cette texture ou broyer, si désiré.

RECTIFIER l'assaisonnement et parfumer de basilic et d'origan. Attendre de 10 à 15 min afin que les saveurs se transmettent.

SERVIR la soupe tiède ou froide, garnie de roquette, si désiré.

CRÈME DE TOPINAMBOUR, FENOUIL ET CÉLERI-RAVE

4 À 6 PERSONNES

2 c. à soupe d'huile d'olive ou 1 c. à soupe d'huile et 1 c. à soupe de beurre

1 poireau ou 1 oignon émincés

375 ml (1 ½ tasse) de topinambour en cubes

375 ml (1 ½ tasse) de fenouil en morceaux

375 ml (1 ½ tasse) de céleri-rave en cubes

1,5 l (6 tasses) d'eau bouillante

60 ml (¼ tasse) de crème 35 % (facultatif)

Feuilles de fenouil

1 c. à soupe d'huile au citron (facultatif)

Sel de mer et poivre du moulin

CHAUFFER l'huile dans une grande casserole à feu moyen. Faire revenir le poireau 3 min en mouillant au besoin avec 1 c. à soupe d'eau pour ne pas le brûler.

AJOUTER le topinambour, le fenouil et le céleri-rave, assaisonner et faire revenir de 5 à 7 min.

VERSER l'eau et cuire jusqu'à ce que les légumes soient tendres.

RÉSERVER un peu d'eau de cuisson et broyer au mélangeur, en allongeant au besoin avec le liquide réservé.

RECTIFIER l'assaisonnement et ajouter la crème, si désiré.

GARNIR avec quelques feuilles de fenouil et un trait d'huile au citron, si désiré.

VELOUTÉ DE COURGE AU CIDRE

4 À 6 PERSONNES

3 c. à soupe de beurre ou d'huile d'olive

1 oignon haché grossièrement

½ c. à soupe de graines de carvi

1 grosse courge musquée ou autre en morceaux

1 bouteille (750 ml) de cidre + 750 ml (3 tasses) d'eau

Noix ou châtaignes grossièrement hachées

Baies de grenade

Sel de mer et poivre du moulin

CHAUFFER le beurre dans une casserole à feu moyen. Faire revenir l'oignon 7 min.

AJOUTER le carvi et la courge, assaisonner et poursuivre la cuisson 5 min.

MOUILLER avec le cidre et l'eau, amener à ébullition et réduire le feu pour laisser mijoter jusqu'à ce que la courge soit tendre.

BROYER la soupe au mélangeur, en réservant 250 à 500 ml (1 à 2 tasses) de liquide pour ajuster progressivement la consistance.

GARNIR de noix hachées et de baies de grenade.

-

POTAGE DE COURGE ET FENOUIL

4 À 6 PERSONNES

1 kg (2 lb) de courge Kabocha ou autre* en morceaux

1 gros bulbe de fenouil en cubes

4 c. à soupe d'huile d'olive

2 c. à soupe de beurre ou d'huile

2 oignons moyens en cubes

1 poireau en rondelles

2 branches de thym

1 petit piment séché

1 feuille de laurier

250 ml (1 tasse) de vin blanc

1,5 à 2 l (6 à 8 tasses) d'eau bouillante

Épinards ou basilic ciselés

2 c. à soupe de crème sure ou de yogourt grec (facultatif)

Sel de mer et poivre du moulin

* La courge pourrait être remplacée par de la patate douce, en la cuisant un peu moins longtemps.

PRÉCHAUFFER le four à 200 ºC (400 ºF). Tapisser une plaque de papier parchemin.

DÉPOSER les morceaux de courge et de fenouil sur la plaque, arroser d'huile, assaisonner et enfourner 30 min.

CHAUFFER le beurre dans une grande casserole. Faire revenir l'oignon, le poireau, le thym, le piment et le laurier à feu moyen-vif environ 5 min.

INCORPORER la courge et le fenouil rôtis en augmentant la température.

MOUILLER avec le vin et cuire 1 min, puis verser l'eau et cuire 10 min.

RÉSERVER de 250 à 500 ml (de 1 à 2 tasses) d'eau de cuisson et broyer au mélangeur, en allongeant au besoin avec le liquide réservé.

GARNIR d'épinards ciselés et de crème sure, si désiré.

SOUPE DE COURGE PARFUMÉE À L'INDIENNE

8 PERSONNES

2 c. à soupe de beurre ou d'huile d'olive

1 oignon rouge haché finement

2 gousses d'ail émincées

1 piment épépiné et haché

8 feuilles de cari ou 2 c. à soupe de cari

1 c. à soupe de graines de moutarde + 1 c. à soupe de graines de fenouil

1 bouquet de coriandre, tiges hachées et feuilles entières

1 l (4 tasses) de courge (musquée, Kabocha) en morceaux

1 boîte de 796 ml (28 oz) de tomates en dés

250 ml (1 tasse) de lait de coco (p. 55)

1 morceau de sucre de palme (p. 55) ou 2 c. à soupe de sucre de canne ou de xylitol

Jus de 2 limes

2 c. à soupe de sauce de poisson Nuoc Mam (p. 55, facultatif)

1 casseau de tomates cerises coupées en deux

CHAUFFER le beurre dans une casserole à feu modéré. Faire revenir l'oignon, l'ail, le piment, le cari, les épices et les tiges de coriandre (réserver les feuilles) environ 7 min.

AJOUTER la courge, la tomate et le lait de coco. Poursuivre la cuisson sans laisser bouillir, jusqu'à ce que la courge soit cuite.

INCORPORER le sucre, le jus de lime, la sauce de poisson, si désiré, et les tomates cerises. Poursuivre la cuisson 5 min.

SERVIR la soupe garnie de feuilles de coriandre.

SOUPE AUX POIS À L'ORANGE

8 PERSONNES

2 c. à soupe d'huile d'olive

1 oignon haché finement

1 carotte en dés

1 bâton de céleri haché

1 c. à soupe de coriandre moulue
+ 1 c. à soupe de paprika
+ 1 c. à soupe de curcuma

400 g (14 oz) de pois cassés

500 à 750 ml (2 à 3 tasses) d'eau
+ 500 à 750 ml (2 à 3 tasses)
de jus d'orange

Feuilles de céleri ou
coriandre fraîche

Sel de mer et poivre du moulin

CHAUFFER l'huile dans une casserole à feu moyen-vif. Faire revenir l'oignon, la carotte et le céleri avec les épices pendant 5 min. Assaisonner.

AJOUTER les pois et les liquides, amener à ébullition. Réduire le feu et laisser mijoter 40 min ou jusqu'à ce que les pois cassés soient cuits. Allonger au besoin avec de l'eau ou du jus d'orange en cours de cuisson.

SERVIR la soupe garnie de feuilles de céleri.

-

INDONÉSIENNE DE HARICOTS ET PATATE DOUCE

4 À 6 PERSONNES

1 c. à soupe d'huile d'olive

1 oignon haché finement

3 carottes en dés

2 bâtons de céleri émincés

1 petit piment épépiné,
haché finement

500 ml (2 tasses) de
patate douce en cubes

500 ml (2 tasses) de petits haricots
blancs (cannellinis) cuits (p. 106)

1 c. à thé de cumin + 1 c. à thé
de graines de céleri + 1 c. à thé
de coriandre moulue

1 c. à thé d'origan + 1 c. à thé de
menthe ciselée

1 c. à soupe de sauce de poisson
Nuoc Mam (p. 55)

CHAUFFER l'huile dans une grande casserole à feu moyen. Faire revenir l'oignon, la carotte et le céleri 5 min.

AJOUTER tous les autres ingrédients, 1 à 1,5 l (4 à 6 tasses) d'eau bouillante et laisser mijoter 15 min.

-

+ quelques
haricots noirs
pour faire joli !

DHAAL DE LENTILLES AU LAIT DE COCO

6 PERSONNES

2 c. à soupe de beurre ou d'huile d'olive

2 cm (¾ po) de gingembre râpé

1 c. à thé de cari + 1 c. à thé de cumin + 1 c. à thé de coriandre moulue + ½ c. à thé de piment de la Jamaïque

1 oignon finement haché

1 panais en morceaux

2 carottes en morceaux

250 ml (1 tasse) de lentilles corail

125 ml (½ tasse) de riz basmati

2 l (8 tasses) d'eau bouillante

400 ml (1 ⅔ tasse) de lait de coco (p. 55)

Jus de 1 lime + 1 lime en rondelles

½ bouquet de coriandre haché

Sel de mer et poivre du moulin

CHAUFFER le beurre dans une grande casserole à feu modéré. Ajouter le gingembre, les épices et les légumes, assaisonner et faire revenir de 10 à 12 min.

RINCER les lentilles et le riz, ajouter et poursuivre la cuisson 2 min.

VERSER l'eau et le lait de coco. Cuire jusqu'à ce que les lentilles soient tendres (environ 25 min).

BROYER au mélangeur.

AJOUTER le jus de lime et rectifier l'assaisonnement.

GARNIR de rondelles de lime et de coriandre au moment de servir.

SOUPE DE PATATE DOUCE AUX ÉPINARDS

4 À 6 PERSONNES

2 c. à soupe d'huile d'olive

1 oignon haché finement

1 gousse d'ail hachée finement

1 c. à thé de cumin + 1 c. à thé de graines de moutarde

2 patates douces en cubes

250 ml (1 tasse) de pois chiches frais ou de pois chiches cuits (ci-dessous)

1 l (4 tasses) d'eau bouillante

1 l (4 tasses) de jeunes épinards

Sel de mer et poivre du moulin

POIS CHICHES

Les pois chiches frais (sur la photo) se trouvent au printemps dans les marchés, dans leur petite cosse individuelle. On les cuit comme des petits pois frais, quelques minutes à peine.

Les pois chiches secs sont toujours meilleurs si on les cuit soi-même, en contrôlant le sel et en ajoutant des herbes qui les rendent plus digestes et plus parfumés (laurier, sauge, thym).

Si on choisit des pois chiches en conserve, il faut les rincer et les égoutter.

CHAUFFER l'huile dans une grande casserole à feu moyen-vif. Faire revenir l'oignon, l'ail et les épices de 5 à 7 min.

AJOUTER la patate douce, assaisonner et poursuivre la cuisson 3 min.

VERSER les pois chiches et l'eau. Laisser mijoter à feu doux jusqu'à ce que la patate douce soit tendre (environ 7 min).

AJOUTER les épinards et servir.

CRÈME DE CHAMPIGNONS

4 PERSONNES

1 c. à soupe de beurre

1 c. à soupe d'huile d'olive

1 oignon haché finement

500 g (1 lb) de champignons de Paris en quartiers

1 l (4 tasses) d'eau bouillante

1 trait de cognac (facultatif)

2 branches d'estragon ou de persil plat effeuillées

80 à 125 ml (⅓ à ½ tasse) de crème

Poêlée de champignons sauvages (ci-dessous)

Sel de mer et poivre du moulin

POÊLÉE DE CHAMPIGNONS SAUVAGES

Chauffer une poêle antiadhésive à feu vif. Faire revenir une poignée de champignons sauvages (chanterelles, pieds-de-mouton, shiitake, etc.) de 1 à 2 min à sec, en touillant. Verser un peu d'huile d'olive, assaisonner et poursuivre la cuisson jusqu'à ce que les champignons soient dorés.

CHAUFFER le beurre et l'huile dans une casserole à feu moyen-vif. Faire revenir l'oignon 5 min.

AJOUTER les champignons de Paris et cuire 10 min, en réduisant le feu s'il y a lieu.

MOUILLER avec 500 ml (2 tasses) d'eau et poursuivre la cuisson 5 min.

VERSER le cognac, si désiré, ajouter l'estragon (en réservant quelques feuilles pour la garniture) et assaisonner.

BROYER la soupe et allonger avec le reste de l'eau jusqu'à la consistance désirée.

AJOUTER de la crème au goût, garnir d'estragon et d'une poêlée de champignons sauvages.

-

SOUPE GRAND-MÈRE AU CHOU

4 À 6 PERSONNES

2 c. à soupe d'huile d'olive

1 poireau émincé

2 bâtons de céleri émincés

3 carottes en dés

2 panais en dés

3 branches de thym effeuillées

250 ml (1 tasse) de riz brun cuit al dente

½ chou blanc ou chinois émincé

1,5 l (6 tasses) d'eau bouillante, de miso* ou de bouillon de bœuf

Parmesan râpé

Persil plat haché

Sel de mer et poivre du moulin

* Diluer environ 1 ½ c. à thé de pâte de miso par tasse d'eau bouillante.

VARIANTES

Remplacer le riz par 500 ml (2 tasses) de pomme de terre, de patate douce ou de courge en cubes, à ajouter en même temps que les autres légumes.

CHAUFFER l'huile dans une casserole à feu modéré. Mettre le poireau, le céleri, les carottes, le panais et le thym. Assaisonner et faire revenir 10 min, en mouillant avec un peu d'eau au besoin.

AJOUTER le riz, le chou et poursuivre la cuisson de 2 à 3 min.

VERSER le liquide choisi. Laisser mijoter jusqu'à ce que les légumes soient cuits (environ 5 min).

GARNIR de parmesan et de persil au moment de servir.

THAÏ DE POULET AU LAIT DE COCO

Tom Kha Gai

4 PERSONNES

1 l (4 tasses) de bouillon de poulet maison ou Pacific

1 bâton de citronnelle taillé en biais

4 à 5 feuilles de lime kéfir (p. 55)

5 cm (2 po) de galanga (p. 55) ou de gingembre en lamelles

375 ml (1 ½ tasse) de lait de coco (p. 55)

1 poitrine de poulet en morceaux

250 ml (1 tasse) de champignons de Paris en tranches

½ à 1 morceau de sucre de palme (p. 55) ou 1 c. à soupe de sucre de canne

4 c. à soupe de sauce de poisson Nuoc Mam (p. 55)

2 c. à soupe de jus de lime

1 piment oiseau torréfié (p. 56, facultatif)

125 ml (½ tasse) de coriandre hachée grossièrement

Riz au jasmin (p. 55, facultatif)

METTRE le bouillon, la citronnelle, les feuilles de lime kéfir, le galanga et le lait de coco dans une casserole. Faire mijoter à feu doux 15 min.

AUGMENTER la chaleur pour maintenir un léger frémissement. Ajouter les morceaux de poulet et cuire 7 min, puis réduire le feu.

INCORPORER les champignons, le sucre de palme, la sauce de poisson, le jus de lime et le piment oiseau, si désiré. Laisser mijoter 5 min.

GARNIR chaque bol de coriandre et retirer les morceaux de citronnelle et les feuilles de lime si nécessaire. En soupe-repas, accompagner d'un petit bol de riz au jasmin, si désiré.

THAÏ DE POULET AU CARI

Pour une soupe à l'allure et aux parfums différents (voir photo p. 54), mettre 1 c. à soupe de cari et 1 c. à thé de curcuma. Ajouter des champignons enoki au moment de servir et garnir d'oignon vert et de piment chili émincés.

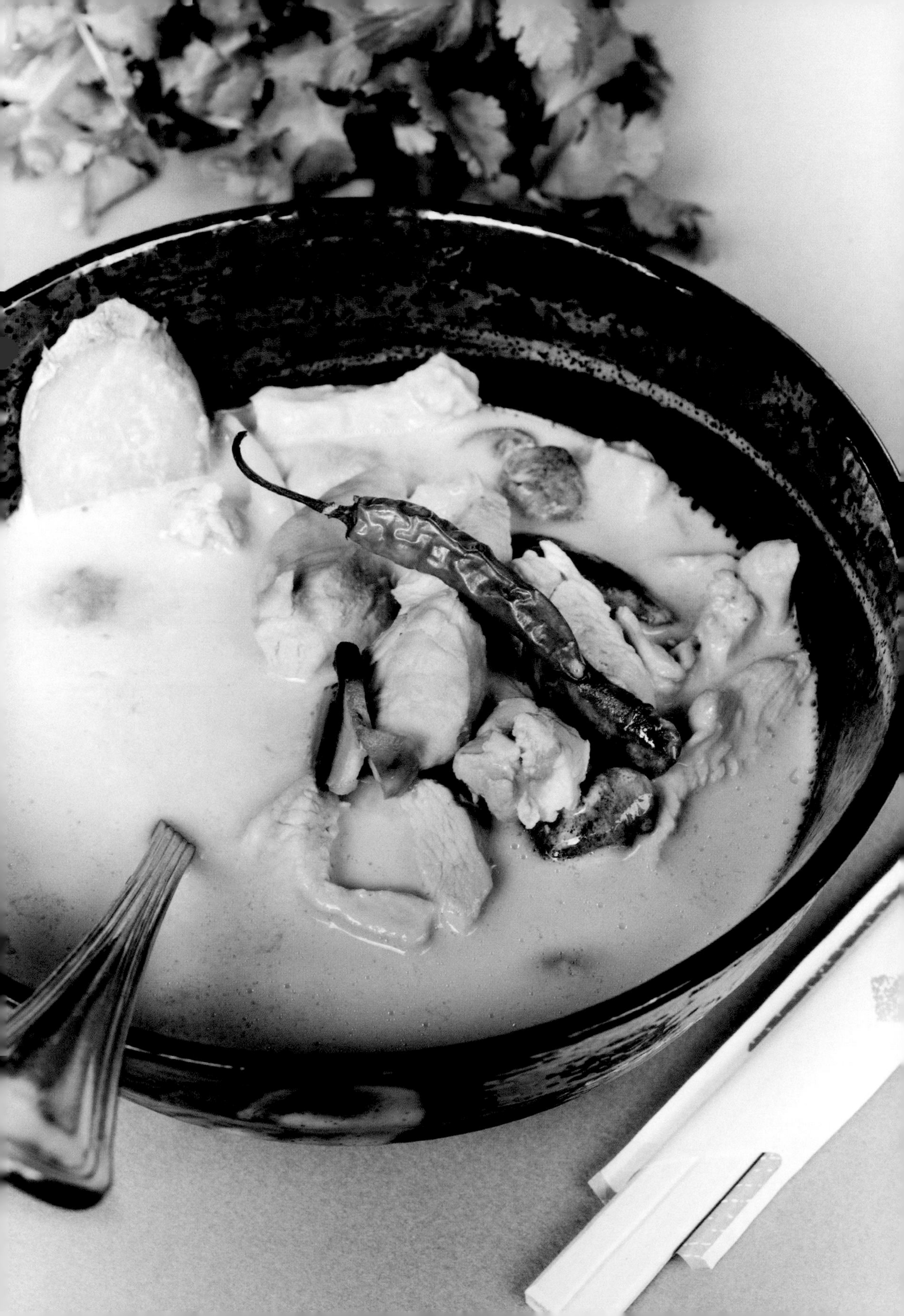

Thaï de poulet au cari

PARFUMS ASIATIQUES

Trucs et recettes

GALANGA

Surnommé « gingembre thaï », le galanga est un rhizome qui ressemble à bien des égards au gingembre, avec une saveur plus poivrée et citronnée mais moins piquante. On le trouve dans les épiceries asiatiques. Il se conserve moins longtemps que le gingembre, mais vous pouvez le congeler.

LAIT DE COCO

Le lait de coco est intéressant pour son goût et sa texture, mais il contient beaucoup de gras saturés. Il est donc parfois préférable de choisir un lait de coco allégé en gras ou frais. Vous pouvez aussi fabriquer votre lait de coco vous-même en mélangeant 500 ml (2 tasses) de noix de coco râpée non sucrée avec 625 ml (2 ½ tasses) d'eau chaude. Laisser macérer avant de filtrer au tamis.

LIME KÉFIR

Les feuilles de lime kéfir ont un parfum extraordinaire. On les trouve dans les épiceries asiatiques. Vous pouvez les congeler ou les sécher. Elles se conservent au réfrigérateur durant deux semaines.

SAUCE DE POISSON NUOC MAM

La sauce de poisson est un ingrédient très utilisé dans la cuisine asiatique, probablement à cause de sa forte teneur en umami (p. 142). Si on est allergique au poisson, on peut cependant s'en passer ou la remplacer par du tamarin.

SUCRE DE PALME

Naturellement riche en oligo-éléments, le sucre de palme est intéressant autant pour son petit goût de caramel que pour ses propriétés nutritionnelles. On le trouve dans les épiceries asiatiques. On peut le remplacer par du sucre de canne, mais je vous suggère de l'essayer pour ajouter un peu de variété et de saveur... Tant qu'à consommer du sucre, autant que ce soit une expérience nouvelle et mémorable !

RIZ AU JASMIN

Pour accompagner une soupe ou la transformer en repas

1 sachet de thé au jasmin

450 ml (1 ¾ tasse) d'eau bouillante

3 c. à soupe de vinaigre de riz

1 c. à thé de sucre de palme râpé ou de sucre de canne

¼ c. à thé de gingembre râpé

250 ml (1 tasse) de riz au jasmin

Sel de mer

INFUSER le sachet de thé 5 min dans l'eau bouillante.

FOUETTER le vinaigre, le sucre et le gingembre jusqu'à ce que le sucre soit dissous. Verser dans le thé au jasmin.

AMENER le thé à ébullition, saler, ajouter le riz et réduire le feu. Cuire à feu doux à couvert (environ 15 min).

BOUILLON DE CREVETTES À L'ASIATIQUE

4 PERSONNES

20 crevettes moyennes crues

2 c. à soupe d'huile d'arachide ou d'amande ou de noix

1 l (4 tasses) d'eau

1 piment oiseau torréfié (ci-dessous)

1 bâton de citronnelle taillé en biais

5 cm (2 po) de galanga (p. 55) ou de gingembre en lamelles

1 gousse d'ail hachée

4 à 5 feuilles de lime kéfir (p. 55)

4 c. à soupe de sauce de poisson Nuoc Mam (p. 55)

1 c. à soupe de sucre de palme râpé (p. 55) ou de sucre de canne

Jus de 2 limes

1 poignée de champignons enoki

60 ml (1/4 tasse) de coriandre hachée grossièrement

1 oignon vert émincé

PIMENT OISEAU TORRÉFIÉ

Pour développer sa saveur, chauffer une poêle à feu vif et griller le piment à sec de 1 à 2 min, jusqu'à ce qu'il soit odorant. (Attention de ne pas vous brûler en mettant le visage au-dessus de la poêle : c'est du piment !)

DÉCORTIQUER les crevettes. Garder les carapaces pour le bouillon et réserver la chair.

CHAUFFER l'huile dans une casserole à feu vif. Faire revenir les carapaces de 2 à 3 min en brassant.

VERSER l'eau. Ajouter le piment, la citronnelle, le galanga, l'ail et les feuilles de lime kéfir et laisser mijoter 10 min.

RETIRER les carapaces. Ajouter la sauce de poisson, le sucre, le jus de lime, la chair des crevettes et poursuivre la cuisson 5 min.

GARNIR les bols de champignons enoki, de coriandre et d'oignon vert au moment de servir, et retirer la citronnelle, les feuilles de lime et le piment si nécessaire.

-

THAÏ DE CREVETTES AU LAIT DE COCO

4 PERSONNES

375 ml (1 ½ tasse) de lait de coco (p. 55)

250 ml (1 tasse) de bouillon de poulet maison ou Pacific ou d'eau

2,5 cm (1 po) de galanga (p. 55) ou de gingembre râpés

1 bâton de citronnelle tranché finement

4 feuilles de lime kéfir (p. 55, facultatif)

1 piment oiseau épépiné, taillé sur la longueur

½ morceau de sucre de palme (p. 55) ou 1 c. à soupe de sucre de canne

Jus de 2 limes

2 c. à soupe de sauce de poisson Nuoc Mam (p. 55)

500 ml (2 tasses) de crevettes moyennes décortiquées

250 à 500 ml (1 à 2 tasses) de vermicelles de riz cuits (ci-dessous)

10 à 12 feuilles de menthe ciselées

10 à 12 feuilles de basilic thaï ou ordinaire ciselées

VERMICELLES DE RIZ

Pour éviter que les vermicelles de riz collent ou se cassent, il suffit de les tremper de 10 à 15 min dans l'eau froide au lieu de les cuire à l'eau chaude. Égoutter et répartir ensuite dans les bols avant de verser la soupe chaude.

PORTER à ébullition le lait de coco et le bouillon avec le galanga, la citronnelle, les feuilles de lime kéfir et le piment oiseau.

AJOUTER le sucre de palme, le jus de lime et la sauce de poisson.

FAIRE POCHER les crevettes 5 min.

SERVIR la soupe sur un lit de vermicelles de riz et garnir de menthe et de basilic.

-

SOUPE AU BŒUF ET NOUILLES SOBA

4 PERSONNES

1 c. à soupe d'huile d'olive

500 g (1 lb) de bœuf dans le contrefilet tranché mince sur la longueur

1 oignon rouge émincé

1 gousse d'ail émincée

4 cm (1 ½ po) de gingembre haché finement

1 l (4 tasses) de miso* ou de bouillon de bœuf ou de légumes

2 c. à soupe de xérès

2 c. à soupe de tamari

400 g (14 oz) de nouilles soba

250 ml (1 tasse) de jeunes épinards ou de bok choy émincé sur la longueur

250 ml (1 tasse) de fèves germées (germes de haricots mungo)

4 oignons verts taillés en biais

Poivre du moulin ou chili craqué

Basilic thaï ou menthe ou coriandre

* Diluer environ 1 ½ c. à thé de pâte de miso par tasse d'eau bouillante.

CHAUFFER l'huile dans une casserole. Ajouter le bœuf, l'oignon, l'ail, le gingembre et faire revenir 4 min pour que la viande soit colorée tout en gardant sa tendreté.

VERSER le miso, le xérès et le tamari. Ajouter les nouilles et poursuivre la cuisson 3 min.

INCORPORER les épinards, les fèves germées, les oignons verts et poursuivre la cuisson 1 min.

POIVRER ou pimenter au goût, et garnir de basilic au moment de servir.

-

CASSEROLE DE PALOURDES AU CHORIZO

4 PERSONNES

2 c. à soupe d'huile d'olive

200 g (7 oz) de chorizo haché

125 ml (½ tasse) d'échalotes françaises émincées

1 c. à soupe de thym frais

1,5 kg (3 lb) de petites palourdes

6 tomates confites (ci-dessous)

375 ml (1 ½ tasse) de vermouth

250 ml (1 tasse) ou plus de bouillon de poulet maison ou Pacific

2 c. à soupe de gras de canard ou d'huile d'olive

1 à 2 gousses d'ail hachées

80 ml (⅓ tasse) de persil plat haché

ACCOMPAGNEMENTS (FACULTATIF)

Tranches de pain grillées

Aïoli

TOMATES CONFITES

Répartir les tomates coupées en deux sur une plaque. Arroser d'un filet d'huile d'olive, assaisonner et cuire 20 min à 200 °C (400 °F). Retirer la peau à la fin de la cuisson.

DES RESTANTS ?

Pour un spaghetti vongole revampé, réchauffer cette soupe avec des pâtes cuites. Mouiller au besoin avec un peu d'eau de cuisson des spaghettis.

CHAUFFER l'huile dans un poêlon et faire revenir le chorizo à feu moyen-vif.

AJOUTER l'échalote, le thym, les palourdes et les tomates confites. Verser le vermouth et couvrir le temps que les palourdes s'ouvrent (environ 10 min).

VERSER le bouillon, attendre qu'il frémisse et retirer du feu. Réserver.

CHAUFFER le gras de canard dans une poêle à feu moyen. Faire revenir l'ail doucement, ajouter le persil et retirer du feu.

RÉPARTIR cette garniture sur les palourdes.

SERVIR la casserole de palourdes accompagnée de tranches de pain grillées garnies d'un trait d'aïoli, si désiré.

CALDO VERDE

Soupe portugaise de kale et chorizo

4 PERSONNES

2 c. à soupe et plus d'huile d'olive

1 oignon haché

300 g (10 ½ oz) de chorizo* taillé en tranches de 0,5 cm (¼ po)

3 gousses d'ail hachées finement

2 pommes de terre en morceaux

1 l (4 tasses) d'eau bouillante

250 ml (1 tasse) de kale émincé

1 pincée de paprika fumé

* Il existe du chorizo de porc, de dinde ou de poulet.

CHAUFFER l'huile dans une casserole à feu moyen-vif et faire revenir l'oignon jusqu'à ce qu'il soit tendre (environ 5 min).

AJOUTER la moitié des tranches de chorizo et frire de 2 à 3 min.

METTRE l'ail et poursuivre la cuisson 1 min.

INCORPORER les pommes de terre et l'eau. Laisser mijoter de 12 à 15 min.

AJOUTER la moitié du kale et cuire 3 min.

BROYER la soupe au mélangeur, allonger avec de l'eau au besoin.

REMETTRE la soupe dans la casserole, ajouter le reste du kale et réchauffer à feu doux.

POÊLER le reste des tranches de chorizo 3 min.

GARNIR la soupe de tranches de chorizo, de paprika et d'un filet d'huile.

SOPA DE PLATANOS

Soupe des Caraïbes à la banane plantain

4 À 6 PERSONNES

1 c. à soupe d'huile d'olive

125 ml (½ tasse) d'échalotes françaises hachées finement

2 gousses d'ail

1 bâton de céleri émincé

100 g (3 ½ oz) de chorizo en demi-rondelles

1 tomate verte ou rouge en morceaux

1 ½ banane plantain pas trop mûre en morceaux

1 l (4 tasses) d'eau bouillante

½ piment cubanelle haché très finement

125 ml (½ tasse) de raisins sans pépins

Rondelles de plantain frites (ci-dessous, facultatif)

Sel de mer et poivre du moulin

RONDELLES DE PLANTAIN FRITES

Couper ½ banane plantain en rondelles de 1 cm (⅜ po). Chauffer 60 ml (¼ tasse) d'huile de canola dans une poêle profonde à feu moyen-vif. Tester la température de l'huile en déposant une rondelle, réduire le feu si nécessaire. Frire les rondelles 2 min de chaque côté. Déposer sur du papier absorbant et saupoudrer de sel Maldon (en flocons) lorsqu'elles sont encore chaudes.

CHAUFFER l'huile dans une grande casserole à feu moyen. Faire revenir l'échalote, l'ail, le céleri et le chorizo pendant 7 min.

AJOUTER la tomate et le plantain, assaisonner et poursuivre la cuisson 5 min.

RÉSERVER le chorizo hors de la casserole.

MOUILLER avec un peu d'eau pour gratter les sucs de cuisson, puis verser le reste de l'eau.

BROYER la soupe au mélangeur à main et remettre sur le feu.

AJOUTER le chorizo réservé, le piment cubanelle et les raisins (en réservant quelques grains pour la garniture). Poursuivre la cuisson 7 min.

SERVIR la soupe garnie de raisins et de rondelles de plantain frites, si désiré.

SALADES & SANDWICHS

SALADE D'ORANGES AUX OLIVES

4 PERSONNES

2 oranges sans pépins pelées à vif, en fines rondelles

2 c. à soupe d'huile d'olive

½ petit oignon rouge émincé finement

12 olives vertes et noires dénoyautées

3 branches de thym

2 c. à soupe de miel*

1 pincée de chili (facultatif)

DÉPOSER les oranges sur un plat de service.

CHAUFFER l'huile dans une poêle à feu vif et faire revenir l'oignon 2 min.

AJOUTER les olives, le thym et le miel. Chauffer jusqu'à ce que le miel fasse des bulles (environ 2 min).

RETIRER du feu et verser en filet sur les oranges. Saupoudrer de chili, si désiré.

-

SALADE D'ORANGES AUX PARFUMS DE SYRIE

4 PERSONNES

2 oranges sans pépins pelées à vif, en fines rondelles

½ c. à soupe d'eau de rose

1 ou 2 pincées de cannelle

2 c. à soupe d'huile d'olive

2 c. à soupe de miel*

60 ml (¼ tasse) de noix de Grenoble

3 dattes Medjool en quartiers

* Le miel d'été d'Anicet est incomparable.

DÉPOSER les oranges sur un plat de service. Parfumer d'eau de rose et de cannelle.

CHAUFFER l'huile et le miel dans une poêle à feu moyen. Ajouter les noix de Grenoble et les dattes, cuire 2 min.

RÉPARTIR sur les oranges.

-

SALADE DE CONCOMBRE À LA GRENADE

4 PERSONNES

2 concombres anglais épépinés ou 6 concombres libanais

125 ml (½ tasse) de yogourt grec

12 feuilles de menthe ciselées

2 branches de thym effeuillées

125 ml (½ tasse) de baies de grenade

Feuilles de fenouil (facultatif)

1 ou 2 pincées de sumac ou de zaatar (facultatif)

Sel Maldon (en flocons) et poivre du moulin

AUX BLEUETS

En saison, remplacer les baies de grenade par des bleuets du Québec.

PELER les concombres si la peau n'est pas mince et ferme. Couper en deux sur la longueur s'ils sont trop gros, puis faire des tranches de 0,5 cm (¼ po).

MÉLANGER le yogourt, la menthe et le thym dans un grand bol.

AJOUTER les tranches de concombre et mélanger délicatement.

DÉPOSER sur des assiettes de service et garnir de baies de grenade et de feuilles de fenouil, si désiré.

SAUPOUDRER de sel Maldon, de poivre et de sumac, si désiré.

-

SALADE DE CHOU-FLEUR À LA MAROCAINE

4 À 6 PERSONNES

1 chou-fleur en petits bouquets

250 ml (1 tasse) de pois chiches cuits (p. 46)

1 c. à thé de cumin + 1 c. à thé de sumac

2 c. à soupe d'huile d'olive

60 ml (¼ tasse) d'olives noires marocaines

½ citron confit en fines lamelles

½ piment chili épépiné, émincé sur la longueur

250 ml (1 tasse) de persil plat haché grossièrement

Jus de 1 citron

145 g (5 oz) de feta de brebis en morceaux ou de halloumi grillé (ci-dessous)

Sel de mer et poivre du moulin

FETA ET HALLOUMI

Le halloumi et la feta de vache peuvent être trop salés. Pour les adoucir, tremper ces fromages dans de l'eau fraîche pendant 1 h au réfrigérateur. La feta de brebis est en général plus douce et n'a pas besoin d'être dessalée.

Le halloumi est un fromage qui ne fond pas. On le grille en tranches, à la poêle, avec un filet d'huile d'olive.

PRÉCHAUFFER le four à 220 ºC (425 ºF). Tapisser une plaque de papier parchemin.

BLANCHIR le chou-fleur dans une eau bouillante salée pendant 2 min. Refroidir sous l'eau courante.

METTRE le chou-fleur et les pois chiches dans un bol, ajouter les épices, un peu de sel, l'huile et bien enrober.

DÉPOSER sur la plaque et ajouter les olives. Enfourner jusqu'à coloration du chou-fleur (environ 10 min).

TRANSFÉRER dans un plat de service. Ajouter le reste des ingrédients, rectifier l'assaisonnement et garnir de fromage.

-

SALADE DE LÉGUMES CRUS À L'ASIATIQUE

4 PERSONNES

2 c. à soupe de pâte de miso

1 c. à thé de zeste + jus de 2 limes bio

3 c. à soupe de vinaigre de riz

1 petit piment fort thaï émincé

1 c. à soupe de sucre de palme râpé (p. 55) ou de miel

1 c. à thé d'huile de sésame rôti

60 ml (¼ tasse) d'huile de pépins de raisin

1 radis japonais (daïkon) pelé, en allumettes

250 ml (1 tasse) de radis mixtes (noirs, rouges, mauves) en allumettes

1 betterave jaune pelée, en allumettes

2 carottes pelées, en allumettes

2 oignons verts émincés finement

1 c. à soupe de graines de sésame grillées

FOUETTER le miso, le zeste et le jus de lime, le vinaigre de riz, le piment et le sucre dans un grand bol.

VERSER doucement les huiles en continuant de fouetter.

DÉPOSER les radis, la betterave, la carotte et l'oignon vert sur la vinaigrette. Mélanger pour enrober le tout.

ATTENDRE 15 min avant de servir la salade garnie de graines de sésame.

-

RADICCHIO ET POIRE JAPONAISE EN SALADE

4 À 6 PERSONNES

1 échalote française hachée très finement

2 c. à soupe de mayonnaise à l'huile d'olive

1 c. à soupe de crème sure ou de yogourt grec

Jus de 1 citron Meyer ou de 1 orange

2 radicchios émincés

1 endive en feuilles

2 poires japonaises en tranches fines

100 g (3 ½ oz) de roquefort en petits morceaux

8 feuilles de menthe hachées finement

Sel de mer et poivre du moulin

FOUETTER l'échalote française, la mayonnaise, la crème sure et le jus de citron dans un bol.

DÉPOSER tous les autres ingrédients sur un plat de service et verser la vinaigrette.

-

SALADE DE TOPINAMBOURS ET RADIS

4 PERSONNES

5 topinambours pelés, en allumettes

6 radis de couleurs différentes en allumettes

2 oignons verts coupés en deux puis émincés sur la longueur

Jus de 1 citron

1 c. à soupe de miel*

60 ml (1/4 tasse) d'huile de pépins de raisin

10 feuilles de menthe ciselées

Sel de mer et poivre du moulin

* Le miel d'été d'Anicet est incomparable.

METTRE les topinambours dans une eau froide citronnée le temps de terminer la coupe des légumes.

RASSEMBLER tous les légumes dans un saladier.

FOUETTER le jus de citron, le miel et l'huile, puis verser sur la salade.

AJOUTER la menthe, assaisonner et touiller.

-

SALADE DE JICAMA, PAMPLEMOUSSE ET FENOUIL

Clin d'œil au grand chef Claude Pelletier

4 PERSONNES

1 bulbe de fenouil émincé finement (à la mandoline, si possible)

1 petit jicama* pelé, en allumettes

Jus de 2 limes

1 pamplemousse ou pomélo pelés à vif, en suprêmes

15 raisins verts sans pépins coupés en deux (facultatif)

10 feuilles de menthe ou de mélisse ou 4 feuilles de verveine ciselées

1 c. à soupe de miel

1 c. à soupe d'huile de pépins de raisin ou d'olive

Sel de mer et poivre du moulin

* Le jicama ressemble à un navet à la peau brune. Sa chair blanchâtre est juteuse, croquante et sucrée. Il est souvent servi en marinade au Mexique. On le trouve dans les épiceries asiatiques et sud-américaines.

FAIRE TREMPER le fenouil et le jicama dans l'eau glacée 15 min.

ÉGOUTTER et faire mariner le fenouil et le jicama dans le jus de lime 15 min.

AJOUTER les fruits et l'herbe choisie.

VERSER le miel et l'huile. Assaisonner.

DINTORNI DI ROMA
Madonna delle Fornaci
da 1 : 8.000

FRAISES, AVOCAT ET CHÈVRE EN SALADE

4 À 6 PERSONNES

2 avocats mûrs et fermes en morceaux

Jus de 1 citron

250 ml (1 tasse) de pissenlit ou autre verdure

2 casseaux de fraises coupées en quatre

200 g (7 oz) de chèvre ou de brebis frais en morceaux*

1 filet d'huile de noix ou de noisette

1 c. à thé de graines de coriandre ou 2 ou 3 pincées de poivre long broyés au mortier

Sel de mer et poivre du moulin

* Pour le couper plus facilement, placer le fromage frais 1 h au congélateur.

AU BASILIC ET PARMESAN

Garnir de basilic, remplacer le chèvre par des copeaux de parmesan, et l'huile de noix par de l'huile d'olive. Verser quelques gouttes de vinaigre balsamique âgé sur le dessus, à la place de la coriandre concassée.

ARROSER l'avocat de jus de citron.

RÉPARTIR la verdure dans les assiettes. Déposer les fraises, l'avocat et le chèvre. Relever de quelques gouttes d'huile de noix et de coriandre concassée. Assaisonner.

-

CAROTTES, RADIS ET CHOU-FLEUR GRILLÉS

4 À 6 PERSONNES

1 chou-fleur

8 carottes de couleurs différentes pelées, coupées en deux ou en quatre sur la longueur

8 radis en quartiers

1 petit oignon rouge en quartiers

3 gousses d'ail écrasées

2 c. à soupe d'huile d'olive

3 branches de thym effeuillées

Jus de ½ citron

Sel Maldon (en flocons) et poivre du moulin

PRÉCHAUFFER le four à 200 ºC (400 ºF). Tapisser une plaque de papier parchemin.

COUPER le chou-fleur, retirer le pied et broyer les bouquets quelques secondes au robot pour obtenir une texture de couscous. Réserver.

DÉPOSER les carottes, les radis, l'oignon rouge et l'ail sur la plaque. Arroser d'un filet d'huile et parsemer de thym.

ENFOURNER jusqu'à ce que les légumes soient cuits mais encore fermes (environ 20 min).

ÉTENDRE le couscous de chou-fleur sur les légumes. Ajouter un filet d'huile, quelques pincées de sel Maldon et du poivre. Poursuivre la cuisson au four pendant 10 min.

SERVIR ces légumes grillés tièdes, arrosés de jus de citron, en salade ou en accompagnement.

-

SALADE DE BETTERAVES ET CAROTTES DU MOYEN-ORIENT

4 À 6 PERSONNES

2 à 3 betteraves de couleurs différentes pelées, en quartiers

2 à 3 carottes de couleurs différentes pelées, coupées en deux ou en quatre sur la longueur

3 c. à soupe d'huile d'olive

Jus de ½ citron

1 bouquet de bette à carde haché grossièrement

125 ml (½ tasse) de menthe et / ou de coriandre ciselée

1 avocat mûr et ferme en morceaux (facultatif)

1 c. à soupe de graines de sésame grillées

1 c. à soupe de graines de citrouille (facultatif)

Sel de mer et poivre du moulin

VINAIGRETTE AU YOGOURT

125 ml (½ tasse) de yogourt grec

1 c. à soupe de cumin (facultatif)

1 c. à soupe d'huile de sésame rôti

Jus de ½ citron

Sel de mer et poivre du moulin

PRÉCHAUFFER le four à 220 ºC (425 ºF). Tapisser une plaque de papier parchemin.

RÉPARTIR les betteraves et les carottes sur la plaque en prenant soin d'isoler les betteraves rouges pour qu'elles ne tachent pas les autres légumes.

ARROSER d'huile d'olive, assaisonner et couvrir de papier d'aluminium. Enfourner 15 min.

DÉCOUVRIR les légumes, retourner et poursuivre la cuisson jusqu'à tendreté. Arroser de jus de citron.

FOUETTER tous les ingrédients de la vinaigrette dans un petit bol. Réserver.

DÉPOSER les verdures et l'avocat, si désiré, sur un plat de service. Garnir de légumes grillés.

VERSER la vinaigrette au yogourt sur le dessus et parsemer de graines de sésame et de citrouille, si désiré.

SALADE DE KALE À LA SICILIENNE

4 À 6 PERSONNES

250 ml (1 tasse) de tomates cerises en quartiers

2 à 3 c. à soupe d'huile d'olive

1 c. à soupe de miel ou de marmelade d'oranges

1 bouquet de kale noir* ou vert grossièrement haché

250 ml (1 tasse) de pois chiches cuits (p. 46)

½ radicchio haché grossièrement

Jus de 1 citron

145 g (5 oz) de prosciutto ou de bresaola en tranches (facultatif)

500 ml (2 tasses) de basilic, feuilles entières

100 g (3 ½ oz) de pecorino romano en copeaux

Sel de mer et poivre du moulin

* Très riche en chlorophylle, le kale noir est d'un vert très foncé, presque bleuté, et possède un goût puissant.

EN ACCOMPAGNEMENT

Servir cette salade avec du canard ou une grillade.

MARINER les tomates dans un bol avec 1 c. à soupe d'huile et un peu de sel.

CHAUFFER le reste de l'huile dans une poêle à feu moyen-vif, puis le miel jusqu'à ce qu'il fasse des bulles.

AJOUTER le kale et cuire 5 min en remuant. Assaisonner et ajouter un peu d'eau ou d'huile au besoin.

METTRE les pois chiches et poursuivre la cuisson 2 min.

AJOUTER le radicchio, arroser de jus de citron et retirer du feu.

DÉPOSER sur un plat de service. Garnir des tomates, de prosciutto, si désiré, de basilic et de pecorino.

-

SALADE D'ASPERGES À L'ESPAGNOLE

4 PERSONNES

Quelques feuilles de pissenlit ou de laitue feuille de chêne (facultatif)

1 botte d'asperges blanchies

200 g (7 oz) de gourganes blanchies (2 min), pelées

80 ml (⅓ tasse) d'amandes Marcona* ou d'amandes mondées

200 g (7 oz) de fromage Manchego en lamelles

4 anchois frais marinés

SAUCE GRIBICHE

1 œuf dur haché

1 c. à thé de moutarde de Dijon

1 c. à thé de vinaigre de vin rouge

1 cornichon émincé

8 à 10 petites câpres

60 ml (¼ tasse) d'herbes hachées : persil plat, estragon, cerfeuil

Sel de mer et poivre du moulin

* Les amandes Marcona sont une variété d'amandes originaires d'Espagne. Elles ont un goût plus subtil et sont moins grasses que les amandes ordinaires.

DISPOSER dans chaque assiette quelques feuilles de verdure et des asperges. Parsemer de gourganes et d'amandes.

FOUETTER les ingrédients de la sauce gribiche dans un bol.

GARNIR d'un généreux trait de sauce gribiche, de lamelles de Manchego et surmonter d'un anchois frais.

-

SALADE D'ÉPEAUTRE, COURGE ET POIREAU

4 À 6 PERSONNES

250 ml (1 tasse) de petit épeautre

3 feuilles de sauge

1 l (4 tasses) d'eau

1 c. à soupe de vinaigre de vin rouge

2 c. à soupe d'huile d'olive

1 petite courge musquée en cubes

15 pacanes ou amandes

1 poireau, le blanc et le vert tendre seulement, émincé

Jus de 1 citron

1 radicchio émincé

Sel de mer et poivre du moulin

VARIANTES

Amusez-vous à changer les garnitures : tomates séchées, asperges, basilic, mozzarella...

METTRE l'épeautre, la sauge et l'eau dans une casserole. Saler, amener à ébullition, puis réduire le feu et cuire à mi-couvert jusqu'à ce que l'épeautre soit tendre (environ 30 min).

ÉGOUTTER et mettre dans un grand bol. Verser le vinaigre et l'huile sur l'épeautre encore chaud. Réserver.

PRÉCHAUFFER le four à 200 ºC (400 ºF). Tapisser une plaque de papier parchemin.

DÉPOSER la courge sur la plaque. Assaisonner, verser un filet d'huile et enfourner jusqu'à ce qu'elle soit tendre (environ 20 min).

RETOURNER les cubes de courge, ajouter les pacanes et le poireau. Poursuivre la cuisson 5 min.

INCORPORER à l'épeautre. Arroser de jus de citron et garnir de radicchio.

-

SALADE DE LENTILLES DU PUY AUX JEUNES BETTERAVES

4 À 6 PERSONNES

6 à 8 petites betteraves, si possible de couleurs différentes et avec les fanes*

2 c. à soupe d'huile d'olive

1 oignon rouge haché finement

4 feuilles de sauge + 4 branches de thym

3 gousses d'ail hachées

375 ml (1 ½ tasse) de lentilles du Puy

200 g (7 oz) de feta ou de chèvre frais en morceaux ou de halloumi grillé (p. 78)

Menthe fraîche ou aneth

Sel de mer et poivre du moulin

VINAIGRETTE À LA MÉLASSE DE GRENADE

3 c. à soupe de vinaigre de vin doux (rouge ou blanc)

1 c. à soupe de mélasse de grenade**

Zeste et jus de 1 petite orange bio ou de 1 citron Meyer

5 c. à soupe d'huile de noix ou d'olive

* Mieux vaut cuire les bettraves rouges séparément pour ne pas tacher les autres.

** Sucrée et acidulée, la mélasse de grenade peut remplacer une réduction de vinaigre balsamique. On l'achète dans les épiceries orientales.

LAVER et tailler les jeunes betteraves en quartiers, sans les peler. Hacher les fanes et réserver.

CUIRE les betteraves dans 500 ml (2 tasses) d'eau bouillante salée jusqu'à ce qu'elles soient tendres (environ 5 min). Égoutter et réserver.

CHAUFFER l'huile dans un poêlon et faire revenir l'oignon 3 min.

AJOUTER les herbes, l'ail et les lentilles et cuire en remuant pendant 2 min.

VERSER 750 ml à 1 l (3 à 4 tasses) d'eau bouillante sur les lentilles et laisser mijoter jusqu'à ce qu'elles soient tendres (environ 20 min).

FOUETTER légèrement tous les ingrédients de la vinaigrette dans un saladier.

ÉGOUTTER les lentilles au besoin, sans rincer, puis les verser encore tièdes dans le saladier et mélanger. Rectifier l'assaisonnement.

AJOUTER les betteraves, garnir de feta, des fanes reservées et de menthe. Servir.

-

SALADE DE RIZ DÉFENDU AUX CREVETTES

Le riz noir aphrodisiaque des empereurs de Chine

4 PERSONNES

310 ml (1 ¼ tasse) de riz Venere*

2 c. à soupe d'huile de noix ou d'olive

1 bâton de citronnelle haché finement

800 g (1 ¾ lb) de crevettes décortiquées et asséchées

2 avocats mûrs et fermes en cubes

250 ml (1 tasse) de coriandre hachée

1 oignon vert taillé en biais

80 ml (⅓ tasse) de noix de cajou ou d'arachides rôties, hachées finement (facultatif)

Sel de mer et poivre du moulin

VINAIGRETTE AU LAIT DE COCO

160 ml (⅔ tasse) de lait de coco (p. 55)

3 c. à soupe de sauce de poisson Nuoc Mam (p. 55)

½ morceau de sucre de palme râpé (p. 55) ou 3 c. à thé de sucre de canne

1 ½ c. à thé de sambal oelek

5 cm (2 po) de galanga (p. 55) ou de gingembre râpés

Jus de 2 limes

* Originaire de Chine, le riz Venere est un riz noir intégral très parfumé, connu pour ses propriétés nutrionnelles et aphrodisiaques. Il était réservé à l'empereur.

VARIANTES

Agrémenter de pois sucrés blanchis, de pois mange-tout, d'edamames, de tomates cerises, etc.

METTRE le riz dans une casserole et couvrir d'eau jusqu'à 1,5 cm (½ pouce) au-dessus des grains. Saler.

AMENER à ébullition, puis réduire le feu et laisser cuire jusqu'à ce que le riz soit al dente (environ 20 min). Ajouter un peu d'eau tiède au besoin en cours de cuisson.

ÉGOUTTER si nécessaire, incorporer 1 c. à soupe d'huile et laisser tempérer.

RASSEMBLER tous les ingrédients de la vinaigrette dans un bol et fouetter légèrement.

CHAUFFER 1 c. à soupe d'huile dans une poêle à feu vif, ajouter la citronnelle et griller les crevettes. Assaisonner.

MÉLANGER le riz, les avocats, la coriandre, l'oignon vert et les crevettes avec la vinaigrette en touillant doucement pour ne pas briser les cubes d'avocat. Garnir de noix de cajou.

-

SALADE DE PAPAYE AUX CREVETTES GRILLÉES

3 À 4 PERSONNES

SALADE DE PAPAYE

½ bâton de citronnelle très finement haché

1 piment chili épépiné, haché finement

20 feuilles de menthe émincées

2 c. à soupe de sauce de poisson Nuoc Mam (p. 55)

3 à 4 c. à soupe de jus de lime

3 c. à soupe de sucre de palme râpé (p. 55) ou de sucre de canne

1 papaye mûre en cubes

CREVETTES GRILLÉES

12 crevettes moyennes décortiquées et asséchées

2 c. à soupe d'huile d'olive

Zeste de 1 citron bio

1 gousse d'ail hachée très finement ou râpée à la microplane

2 feuilles de lime kéfir (p. 55) émincées très finement

FOUETTER les 6 premiers ingrédients de la salade de papaye dans un grand bol.

AJOUTER la papaye et mélanger délicatement. Réserver.

RASSEMBLER tous les ingrédients des crevettes grillées dans un bol.

CHAUFFER une poêle ou le barbecue à feu vif et cuire les crevettes.

DÉPOSER les crevettes grillées sur la salade dans les assiettes.

-

SALADE DE CANNELLINIS AU CRABE

4 À 6 PERSONNES

500 ml (2 tasses) de tomates cerises ou de raisins verts en quartiers

2 à 3 c. à soupe d'huile d'olive

250 ml (1 tasse) de cannellinis cuits*

1 gousse d'ail hachée

1 c. à soupe de vinaigre de vin rouge

60 ml (¼ tasse) de pastis (facultatif)

1 à 1,5 kg (2 à 3 lb) de crabe ou de homard cuits

250 ml (1 tasse) de têtes-de-violon ou d'asperges ou de haricots verts blanchis

⅓ bouquet d'estragon ou de basilic ou de coriandre effeuillés

Jus de 1 à 2 limes

4 grands croûtons à l'ail (ci-dessous, facultatif)

Sel de mer et poivre du moulin

* Ces petits haricots blancs cuisent très rapidement (25 min). En les cuisant vous-même avec des herbes (thym, laurier, romarin), vous goûterez la différence.

À L'AVOCAT

Remplacer les têtes-de-violon par 1 ou 2 avocats en cubes et faire la vinaigrette de la salade BLT (p. 114), sans ajouter de pastis.

GRANDS CROÛTONS À L'AIL

Frotter 1 gousse d'ail sur 4 tranches de pain artisanal. Passer sur le barbecue quelques minutes de chaque côté pour les marquer. Arroser d'huile d'olive et saupoudrer de sel Maldon (en flocons).

METTRE les tomates dans un bol, saler, poivrer et arroser de 1 c. à soupe d'huile. Réserver.

CHAUFFER 1 à 2 c. à soupe d'huile dans une poêle à feu moyen-vif. Ajouter les cannellinis, l'ail et assaisonner. Cuire en touillant pour que les saveurs se transmettent (environ 4 min).

RETIRER du feu et verser aussitôt le vinaigre et le pastis, si désiré. Réfrigérer de 15 à 20 min.

DÉCORTIQUER le crabe.

MÉLANGER les cannellinis avec les tomates, les têtes-de-violon, le crabe et l'estragon. Arroser de jus de lime.

SERVIR la salade accompagnée de grands croûtons à l'ail, si désiré.

-

SALADE DE HARICOTS JAUNES ET FENOUIL

4 À 6 PERSONNES

500 g (1 lb) de haricots jaunes

125 ml (½ tasse) de gourganes blanchies (2 min), pelées

1 bulbe de fenouil émincé finement

1 c. à thé de miel

Jus de 1 lime

3 à 4 c. à soupe d'huile d'amande ou d'olive

1 échalote française émincée

1 c. à soupe de petites feuilles de céleri

1 boule de mozzarella en morceaux (facultatif)

1 ou 2 homards (facultatif)

Sel de mer et poivre du moulin

BLANCHIR les haricots jaunes dans l'eau bouillante. Réserver avec les gourganes et le fenouil.

FOUETTER le miel, la lime, l'huile et l'échalote dans un petit bol.

VERSER la vinaigrette sur la salade. Assaisonner et garnir de feuilles de céleri et de mozzarella, si désiré.

SERVIR avec du homard, si désiré.

-

CEVICHE AUX AGRUMES

4 À 6 PERSONNES

500 g (1 lb) de poissons ou crustacés divers (flétan, pétoncles, crevettes)

Jus de 3 citrons + jus de 3 limes

Suprêmes et jus de 2 oranges ou pomélos ou pamplemousses pelés à vif

1 piment chili épépiné, émincé finement

½ bouquet de persil plat et / ou de coriandre, de menthe, de basilic, d'estragon, de cerfeuil

1 betterave jaune crue en allumettes (facultatif)

Sel de mer et poivre du moulin

VARIANTE

Remplacer les agrumes par de l'avocat, de la tomate et de la mangue.

CEVICHE D'INSPIRATION THAÏ

Couper et faire mariner le poisson de la même façon. Remplacer les oranges par une vinaigrette contenant le jus de 2 limes, 1 c. à soupe d'huile de sésame rôti, 2 oignons verts hachés finement, 125 ml (½ tasse) de coriandre hachée, 125 ml (½ tasse) de basilic thaï ou ordinaire et 1 trait de lait de coco, si désiré. Garnir la salade de 2 feuilles de lime kéfir ciselées et de racines de coriandre bien lavées et finement hachées.

COUPER le poisson en morceaux de 1 cm (⅜ po) d'épaisseur par 2,5 cm (1 po) de longueur.

VERSER les deux tiers des jus d'agrumes sur le poisson dans un bol, ajouter le piment et couvrir de pellicule plastique.

RÉFRIGÉRER 1 h.

ÉGOUTTER les poissons, ajouter le reste des jus, les oranges, les herbes, la betterave, si désiré, et assaisonner.

-

SALADE RANCH AU BROCOLI

4 À 6 PERSONNES

VINAIGRETTE RANCH

1 concombre anglais pelé, épépiné et râpé

1 échalote française hachée finement

180 ml (3/4 tasse) de yogourt

60 ml (1/4 tasse) de babeurre*

60 ml (1/4 tasse) de mayonnaise

Jus de 1 citron

1 1/2 c. à thé de sel de céleri

1 pointe de cayenne

3 c. à soupe de persil plat haché

3 c. à soupe de ciboulette hachée

SALADE

12 tranches de bacon

1 gros brocoli en bouquets

500 ml (2 tasses) de tomates cerises coupées en deux

Croûtons (p. 170)

* Pour remplacer le babeurre, mélanger 60 ml (1/4 tasse) de lait avec 1/4 c. à soupe de jus de citron.

FOUETTER tous les ingrédients de la vinaigrette et laisser reposer de 15 à 20 min.

CUIRE le bacon au four à 150 °C (300 °F) environ 15 min. Retirer du four et déposer sur du papier absorbant. Réserver.

BLANCHIR le brocoli 1 min dans une eau bouillante salée. Refroidir sous l'eau courante, secouer et égoutter complètement.

METTRE le brocoli et les tomates dans un bol. Verser la quantité de vinaigrette désirée et bien mélanger. (Le reste de vinaigrette peut se conserver au réfrigérateur pendant 3 jours.)

GARNIR chaque assiette de quelques chips de bacon et de croûtons.

-

AIR MAIL
AVION

SALADE BLT

4 À 6 PERSONNES

VINAIGRETTE BLT

1 c. à soupe de moutarde de Dijon

1 c. à thé d'échalote française hachée finement

½ c. à thé de sucre de canne

2 c. à soupe de vinaigre de vin blanc

3 c. à soupe d'huile d'olive

Sel de mer et poivre du moulin

SALADE

1 l (4 tasses) de laitue

500 ml (2 tasses) de tomates cerises ou 3 grosses tomates en quartiers

6 tranches de bacon bien cuit

3 c. à soupe de basilic haché grossièrement

4 à 6 œufs au plat ou pochés (p. 150)

MÉLANGER la moutarde, l'échalote, le sucre et le vinaigre. Assaisonner et laisser reposer 10 min.

FOUETTER l'huile avec la base de vinaigrette.

METTRE la laitue, les tomates, le bacon et le basilic dans un grand bol. Arroser de vinaigrette et touiller.

DÉPOSER un œuf encore chaud sur chaque assiette de salade.

-

TARTINES AU BLEU DU CIEL

4 PERSONNES

4 tranches de bacon assez épaisses

1 c. à soupe d'huile d'olive

4 tranches de pain au levain

200 g (7 oz) de fromage bleu Le Ciel de Charlevoix

2 c. à soupe de miel*

* Le miel d'été d'Anicet est incomparable.

PRÉCHAUFFER le four à 220 ºC (425 ºF). Tapisser une plaque de papier parchemin.

DÉPOSER les tranches de bacon sur la plaque et cuire jusqu'à ce qu'elles soient croustillantes. Réserver.

VERSER un filet d'huile d'olive sur les tranches de pain. Griller au four de 2 à 3 min.

RÉPARTIR le fromage sur les tranches de pain et remettre au four 2 min.

VERSER un trait de miel sur chaque tartine, déposer le bacon, puis servir.

-

BURGER VÉGÉ

Tartine aux portobellos

4 PERSONNES

4 champignons portobellos

1 à 2 gousses d'ail

½ bouquet de persil plat haché très finement + 3 branches de thym

4 c. à soupe de beurre à la température ambiante ou d'huile d'olive

1 aubergine chinoise en cubes

Jus de ½ citron

2 petits pains ronds de grains entiers coupés en deux

1 c. à soupe de moutarde de Meaux ou de chimichurri

Sel de mer et poivre du moulin

PRÉCHAUFFER le four à 200 ºC (400 ºF). Tapisser une plaque de papier parchemin.

COUPER les pieds des champignons et les hacher.

MÉLANGER avec l'ail, le persil et le beurre. Farcir les champignons généreusement. Assaisonner.

DÉPOSER les champignons sur la plaque. Répartir l'aubergine autour et enfourner.

CUIRE 20 min. Retourner les aubergines après 10 min pour qu'elles absorbent le jus de cuisson.

SORTIR du four, arroser de jus de citron.

TARTINER les demi-pains de moutarde. Déposer les aubergines dessus et fermer comme un burger avec les portobellos.

-

BLINIS À LA POMME DE TERRE

En brunch, en entrée, en apéro...

UNE DOUZAINE DE BLINIS

2 pommes de terre pelées, en cubes

3 c. à soupe de pecorino romano râpé

1 œuf + 1 jaune d'œuf

Muscade fraîchement râpée

2 à 3 c. à soupe de farine de sarrasin

1 c. à soupe de beurre

GARNITURES

Saumon fumé ou gravlax (ci-dessous)

Crème fraîche ou yogourt de chèvre grec

Caprons ou câpres

CUIRE les pommes de terre dans une eau bouillante salée. Piler.

COMBINER les pommes de terre avec le pecorino, les œufs et la muscade. Bien amalgamer. Ajuster la consistance avec la farine de sarrasin délayée dans un peu d'eau.

CHAUFFER le beurre dans une poêle antiadhésive à feu moyen. Faire de petits tas en déposant 1 c. à soupe de pâte ici et là. Cuire environ 1 min de chaque côté.

SERVIR les blinis garnis de petits morceaux de saumon fumé ou de gravlax de truite, d'un peu de crème et de caprons.

-

SAUMON GRAVLAX CONFIT À L'HUILE D'OLIVE

600 g (1 ⅓ lb) de saumon ou de truite saumonée, avec la peau

3 c. à soupe de sucre de canne

3 c. à soupe de sel de mer

2 c. à soupe de carvi (facultatif)

250 à 375 ml (1 à 1 ½ tasse) d'huile d'olive

3 c. à soupe de vodka

PLACER le saumon dans un plat allant au four, côté peau en dessous.

ÉTENDRE le mélange de sucre, de sel et de carvi sur la chair. Couvrir et réfrigérer 2 h.

ESSUYER et laisser tempérer 20 min.

PRÉCHAUFFER le four à 100 ºC (200 ºF).

VERSER l'huile afin que le poisson soit immergé. Enfourner et confire 30 min.

DISPOSER sur un plat de service, réfrigérer 2 h et arroser de vodka au moment de servir.

-

GUEDILLE AUX CREVETTES NORDIQUES

4 PERSONNES

400 g (14 oz) de crevettes nordiques

125 ml (½ tasse) ou plus de mayonnaise ou d'un mélange de mayonnaise et de yogourt grec

1 bâton de céleri en dés

Jus de 1 lime

1 à 2 oignons verts, partie blanche seulement, hachés finement

½ c. à thé de cumin moulu + ½ c. à thé de paprika

1 pointe de cayenne

4 pains à hot-dog, à l'épeautre ou sans gluten

Sel de mer et poivre du moulin

AU CARI

Choisissez la version au yogourt et aromatisez le mélange avec 1 c. à thé de cari et 1 pincée de curcuma.

RASSEMBLER les 7 premiers ingrédients dans un bol et assaisonner.

GARNIR les pains de la préparation aux crevettes.

-

TUNA MELT

Sandwich fondant au thon

2 PERSONNES

1 conserve de 170 g (6 oz) de thon Ocean Wise

2 œufs durs écrasés à la fourchette

1 petite échalote française hachée très finement

2 bâtons de céleri en dés

Jus et zeste de ½ citron bio

1 c. à thé de moutarde jaune

60 ml (¼ tasse) de persil plat haché finement

4 tranches de pain de seigle ou autre

4 tranches de cheddar fort

Sel de mer et poivre du moulin

MÉLANGER tous les ingrédients dans un bol, sauf le pain et le cheddar.

TARTINER 2 tranches de pain, garnir de fromage et fermer avec les 2 autres tranches.

CHAUFFER une poêle antiadhésive et faire dorer les sandwichs de chaque côté en commençant par celui du fromage pour qu'il puisse fondre en premier.

-

SANDWICH AU CRABE DU QUÉBEC

Crab roll

4 PERSONNES

500 à 600 g (1 à 1 ⅓ lb) de chair de crabe des neiges

125 ml (½ tasse) ou plus de mayonnaise ou d'un mélange de mayonnaise et de yogourt grec

Jus de 1 lime

1 pointe de cayenne

10 brins de ciboulette hachés

4 pains à hot-dog, à l'épeautre ou sans gluten

1 c. à soupe de beurre

Sel de mer et poivre du moulin

RASSEMBLER les 5 premiers ingrédients dans un bol et mélanger à la fourchette. Assaisonner et réserver.

TARTINER les pains d'un peu de beurre de chaque côté.

CHAUFFER une poêle et faire dorer les pains.

GARNIR avec le mélange de crabe.

-

CHIPS À L'HUILE DE TRUFFE

1 sac de chips de qualité, nature ou au sel de mer et poivre

1 c. à soupe d'huile de truffe

7 à 10 brins de ciboulette hachés finement

PRÉCHAUFFER le four à 150 °C (300 °F).

ÉTALER les croustilles sur une plaque et enfourner 5 min.

ARROSER d'un trait d'huile de truffe et garnir de ciboulette.

-

KÉBAB AU POULET

4 À 6 PERSONNES

700 g (1 ½ lb) de poulet désossé (cuisse ou poitrine) en morceaux de 2 cm (¾ po)

½ c. à thé de cannelle + ½ c. à thé de piment de la Jamaïque

1 pincée de chili

Zeste et jus de 1 citron bio

5 à 6 gousses d'ail finement hachées ou râpées à la microplane

2 c. à soupe d'huile d'olive

Pains pitas ou Markouk ou pain plat sans gluten

Sauce à l'ail (ci-dessous) ou yogourt

2 concombres libanais en tranches de 0,5 cm (¼ po)

250 ml (1 tasse) de tomates cerises coupées en deux

Menthe, coriandre et persil plat hachés grossièrement

Sel de mer et poivre du moulin

METTRE le poulet avec les épices, le citron, l'ail et l'huile dans un bol. Couvrir et faire mariner au réfrigérateur pendant au moins 2 h.

PRÉCHAUFFER le barbecue à feu vif.

EMBROCHER les morceaux de poulet. Assaisonner.

CUIRE les brochettes sur le barbecue, de 2 à 3 min de chaque côté.

DÉFAIRE les brochettes et servir le poulet dans un pita. Garnir de sauce à l'ail, de concombre, de tomate et d'herbes. Ou bien servir simplement les brochettes de poulet avec la salade de lentilles du Puy aux jeunes betteraves (p. 100).

-

SAUCE À L'AIL

4 à 5 gousses d'ail jeune

½ c. à thé de sel de mer

Jus de ½ citron

125 ml (½ tasse) d'huile d'olive

1 c. à soupe d'eau froide

BROYER l'ail, le sel et le jus de citron au mélangeur.

VERSER l'huile en filet jusqu'à émulsion et ajouter l'eau.

RÉFRIGÉRER.

-

CLUB SANDWICH

2 PERSONNES

4 c. à soupe de mayonnaise

1 c. à thé de chipotle en sauce adobo* ou zeste de 1 citron bio

6 tranches de pain au levain ou de pain sans gluten grillées

8 feuilles de laitue Boston

6 tranches de bacon cuites

1 poitrine de poulet cuite ou un reste de poulet de la veille en tranches épaisses

2 tomates (cœur de bœuf ou autre) tranchées

Sel Maldon (en flocons) et poivre du moulin

* Le chipotle en sauce adobo est un piment fumé vendu en conserve dans une sauce à base de vinaigre de vin rouge.

AROMATISER la mayonnaise de chipotle. Tartiner toutes les tranches de pain.

PLACER 2 tranches de pain dans des assiettes.

DÉPOSER une feuille de laitue sur chacune, ajouter les tranches de bacon et de poulet, garnir de tomates. Assaisonner et terminer avec une feuille de laitue.

RECOMMENCER avec une nouvelle tranche de pain suivant le même ordre.

-

SANDWICH DE BAVETTE AU BLEU

4 PERSONNES

1 baguette de grains entiers coupée en quatre

2 c. à soupe de mayonnaise à l'aïoli et huile de truffe (ci-dessous)

Bavette marinée grillée, en lanières (p. 210)

Oignon rouge mariné (ci-dessous)

200 g (7 oz) de fromage bleu (stilton) en morceaux

OIGNON ROUGE MARINÉ

Chauffer 3 c. à soupe de vinaigre et 2 c. à soupe d'eau dans une petite casserole à feu moyen 2 min. Verser sur 1 petit oignon rouge tranché et laisser mariner 15 min.

MAYONNAISE À L'AÏOLI ET HUILE DE TRUFFE

Écraser 1 gousse d'ail et 1 pincée de safran au mortier. Mélanger avec 1 jaune d'œuf et le jus de ½ citron. Fouetter en versant un filet d'huile de pépins de raisin. Parfumer la mayonnaise avec quelques gouttes d'huile de truffe, si désiré.

TARTINER le pain de mayonnaise à l'aïoli et huile de truffe.

RÉPARTIR la viande dans les sandwichs, garnir d'oignon rouge et de bleu.

-

GYROS

Sandwich grec au bœuf grillé

4 PERSONNES

400 g (14 oz) d'onglet ou de bavette*

4 c. à soupe d'huile d'olive

2 c. à soupe de sumac ou d'épices de Montréal**

1 à 2 pommes de terre Yukon Gold pelées, coupées en quartiers de 1 cm (⅜ po) d'épaisseur

1 échalote française émincée finement

4 pains pitas ou autre pain mince

125 ml (½ tasse) de yogourt grec ou tzatziki

250 ml (1 tasse) de tomates cerises coupées en deux

Sel de mer et poivre du moulin

* Vous pouvez utiliser un reste de viande de la veille (bœuf mariné, p. 210) que vous réchauffez rapidement au four à température élevée. La viande marinée est aussi très bonne froide.

** Les épices de Montréal sont un mélange pour steak typique, utilisé notamment pour parfumer le smoked meat chez Schwartz's.

BADIGEONNER la viande avec 2 c. à soupe d'huile, saupoudrer de sumac et mariner à la température ambiante de 15 à 30 min.

PRÉCHAUFFER le four à 220 ºC (425 ºF). Tapisser une plaque de papier parchemin.

ENDUIRE les pommes de terre d'huile et assaisonner. Déposer sur la plaque et parsemer d'échalote.

ENFOURNER et cuire jusqu'à ce que les frites soient tendres et croustillantes (environ 12 min).

CUIRE la viande à feu vif sur le barbecue ou à la poêle.

RETIRER du feu, couvrir de papier d'aluminium et laisser reposer de 5 à 10 min.

TAILLER des lanières de 2 cm (¾ po) d'épaisseur dans le sens contraire des fibres et répartir sur le pain.

GARNIR de 1 à 2 c. à soupe de yogourt, de quelques tomates et des frites maison.

ROULER et déguster en entrée comme les Grecs ou au lunch.

* de vrais *
REPAS

PÂTE UMAMI

Concentré de goût

125 ML (½ TASSE)

3 c. à soupe de parmesan
ou de grana padano râpés

6 champignons shiitake séchés

6 à 10 olives dénoyautées

2 anchois marinés ou 1 c. à soupe
de sauce de poisson Nuoc Mam*

3 à 4 c. à soupe de tomates séchées
ou de pâte de tomate

6 à 8 c. à soupe d'huile d'olive

* Si vous êtes allergique au poisson, vous pouvez remplacer les anchois par le zeste de 1 citron bio.

VARIANTE

Vous pouvez jouer avec les quantités et remplacer les shiitake par 1 c. à thé de truffes dans l'huile.

UMAMI

C'est le nom donné par les Japonais à ce 5e goût que nous connaissons encore mal, mais qui rend certains plats inoubliables ! Il y a le sucré, le salé, l'acide, l'amer et... l'umami. Lié au vieillissement et à la fermentation, l'umami est présent dans les fromages affinés (comme le parmesan), dans les poissons séchés et les algues (kombu), dans les tomates mûres, dans les champignons, etc. Il joue naturellement le rôle du glutamate monosodique ajouté à tant de préparations industrielles. On l'utilise en cuisine depuis toujours pour prolonger et exalter les autres saveurs. Récemment on s'est mis à commercialiser des pâtes concentrées qu'il est plutôt simple et peu coûteux de fabriquer soi-même...

BROYER tous les ingrédients au robot.

TRANSFÉRER dans un sac plastique refermable et conserver au réfrigérateur, jusqu'à 3 mois.

AJOUTER cet ingrédient magique à une vinaigrette, une sauce tomate, une marinade, un braisé, une mayonnaise... Quand on ne veut plus ajouter de sel et qu'on sent qu'il manque un petit quelque chose, l'umami donne une valeur ajoutée à toutes sortes de préparations.

ORO DI PARMA
3-fach konzentriert

1. Parmesan

2. Shiitake

3. Tomate (mûre)

4. Anchois

5. Olives

PURÉES COLORÉES

Une dose de réconfort pour accompagner un peu tout !

TOPINAMBOUR ET TAHINI

500 g (1 lb) de topinambours pelés, en morceaux

1 c. à soupe de graines de cumin

3 c. à soupe d'huile d'olive

2 gousses d'ail hachées très finement ou râpées à la microplane

2 c. à soupe de tahini ou de crème 35 %

Zeste et jus de ½ citron bio

Sel de mer et poivre du moulin

Cuire les topinambours dans une eau bouillante salée jusqu'à ce qu'ils soient tendres (environ 10 min). Égoutter et réserver dans la casserole.

Griller le cumin à sec dans une poêle à feu moyen pendant 1 min. Verser l'huile, ajouter l'ail et cuire 2 min. Ajouter le tahini, poursuivre la cuisson 1 min.

Verser le tahini chaud sur les topinambours et broyer au mélangeur à main en ajoutant le zeste et le jus de citron. Assaisonner.

CHOU-FLEUR OU COURGE RÔTIS

1 chou-fleur en bouquets ou 1 courge musquée en morceaux

2 gousses d'ail en chemise

1 échalote française en quartiers

2 c. à soupe d'huile d'olive

80 ml (⅓ tasse) de crème

1 c. à thé de graines de cumin broyées au mortier

Sel de mer et poivre du moulin

Préchauffer le four à 200 °C (400 °F). Tapisser une plaque de papier parchemin.

Déposer le chou-fleur, l'ail et l'échalote sur la plaque. Arroser d'huile (surtout l'ail), assaisonner et enfourner 15 min.

Broyer le chou-fleur, l'échalote et la pulpe extraite de l'ail au mélangeur en ajoutant la crème. Assaisonner et parsemer de cumin broyé.

POIS VERTS ET MENTHE

500 g (1 lb) de pois verts surgelés

10 feuilles de menthe ou 125 ml (½ tasse) de basilic

2 pincées de cumin

2 c. à soupe de yogourt ou d'huile d'olive

250 ml (1 tasse) de roquette (facultatif)

1 pomme de terre cuite en morceaux (facultatif)

Sel de mer et poivre du moulin

Cuire les pois 15 min dans une eau bouillante salée. Égoutter.

Broyer au mélangeur avec les autres ingrédients. Assaisonner et ajouter un peu d'eau ou de yogourt au besoin.

RUTABAGA OU CÉLERI-RAVE

300 g (10 ½ oz) de rutabaga ou de céleri-rave en cubes

1 pomme pelée, en cubes

2 branches de thym

1 à 2 gousses d'ail écrasées

750 ml à 1 l (3 à 4 tasses) de lait

2 c. à soupe de beurre

1 c. à thé de cari (facultatif)

Sel de mer et poivre du moulin

Cuire le rutabaga, la pomme, le thym et l'ail dans le lait 15 min, sans les faire bouillir. Égoutter en réservant un peu de lait et retirer le thym.

Broyer au mélangeur, en ajoutant le beurre et du lait jusqu'à la consistance souhaitée. Assaisonner et parfumer de cari, si désiré.

Pois verts, menthe

Topinambour + tahini

Rutabaga et pomme

Courge rôtie

TORTILLA DE PATATAS

Omelette espagnole aux pommes de terre

4 PERSONNES

125 ml (½ tasse) d'huile d'olive

1 oignon émincé finement

1 kg (2 lb) de pommes de terre Yukon Gold en tranches fines

4 œufs battus

Sel de mer et poivre du moulin

CHAUFFER l'huile dans une poêle antiadhésive. Faire revenir l'oignon sans le colorer.

AJOUTER les pommes de terre, assaisonner et cuire jusqu'à ce qu'elles soient tendres.

TRANSFÉRER dans un grand bol avec les œufs battus.

REMETTRE dans la poêle et cuire jusqu'à ce que le mélange se tienne (environ 5 min).

RETOURNER à l'aide d'une grande assiette, poursuivre la cuisson jusqu'à ce que l'autre face soit dorée.

SERVIR la tortilla accompagnée de piquillos (ci-dessous).

-

PIQUILLOS

Poivrons rôtis marinés

2 poivrons rouges rôtis, pelés grossièrement, en lanières

1 gousse d'ail en lamelles, grillées

1 c. à soupe d'huile d'olive

1 c. à soupe de vinaigre de xérès

METTRE les poivrons et l'ail dans un bol, arroser d'huile et de vinaigre.

MARINER 15 min avant de déguster.

-

GRATIN DAUPHINOIS AUX TOMATES

8 PERSONNES

5 c. à soupe d'huile d'olive

750 ml (3 tasses) d'oignons émincés

1 gousse d'ail hachée

2 c. à soupe de beurre

500 g (1 lb) de pommes de terre Yukon Gold en tranches de 0,5 cm (3/8 po)

125 ml (1/2 tasse) de crème 35 %

3 à 4 branches de thym effeuillées

1 kg (2 lb) de tomates en tranches de 1 cm (3/8 po)

Sel de mer et poivre du moulin

PRÉCHAUFFER le four à 180 ºC (350 ºF).

CHAUFFER l'huile dans une poêle à feu moyen-vif. Faire revenir les oignons et l'ail 7 min.

AJOUTER le beurre, réduire le feu et poursuivre la cuisson jusqu'à ce que les oignons caramélisent (environ 5 min).

METTRE les pommes de terre, la crème et le thym dans un grand bol, assaisonner et mélanger.

ÉTALER une couche d'oignons dans un plat allant au four, une couche de pommes de terre, une couche de tomates et répéter l'opération. Finir avec un rang de pommes de terre.

COUVRIR de papier d'aluminium et enfourner pendant 1 h.

DÉCOUVRIR et poursuivre la cuisson jusqu'à ce que les pommes de terre soient cuites (environ 20 min).

-

POLENTA-DÉJEUNER

4 PERSONNES

250 ml (1 tasse) de polenta fine à cuisson rapide

1 c. à soupe de beurre ou d'huile d'olive

60 ml (¼ tasse) de pecorino romano râpé

60 ml (¼ tasse) d'oignons verts émincés

4 tranches de bacon cuites et émiettées grossièrement

4 œufs de cane ou de poule pochés (ci-dessous) ou au plat

Sel de mer et poivre du moulin

CUIRE la polenta selon les directives du fabricant et fouetter jusqu'à ce qu'elle épaississe tout en ajoutant de l'eau pour qu'elle soit souple comme un gruau.

INCORPORER 1 c. à soupe de beurre, le fromage, les oignons verts, le bacon et poursuivre la cuisson en ajoutant un peu d'eau au besoin. Goûter avant d'assaisonner, car le fromage et le bacon sont déjà salés.

RÉPARTIR la polenta dans les bols et garnir d'un œuf poché ou au plat.

-

ŒUFS POCHÉS

4 œufs frais à la température ambiante

1 l (4 tasses) d'eau bouillante

1 à 2 c. à soupe de vinaigre blanc

2 ou 3 pincées de sel de mer

FAIRE BOUILLIR l'eau dans une casserole avec le vinaigre et le sel. Réduire la température pour que l'eau soit frémissante.

CASSER un premier œuf dans un petit bol.

TOURNER l'eau avec une cuillère pour lui donner un mouvement circulaire. Déposer doucement l'œuf et diriger le mouvement pour ramener le blanc autour du jaune (le blanc se replie naturellement). Cuire 3 min.

RETIRER l'œuf à l'aide d'une écumoire et couper les bords aux ciseaux pour que le résultat soit parfait.

RÉPÉTER l'opération pour chaque œuf.

-

DÉJEUNER ANGLAIS

Saucisses maison

6 PERSONNES

500 g (1 lb) de porc haché

500 g (1 lb) de veau haché

60 ml (¼ tasse) de gros flocons d'avoine à l'ancienne

3 c. à soupe d'eau froide

Sauce tabasco verte, au goût

2 feuilles de sauge hachées

1 gousse d'ail hachée très finement ou râpée à la microplane

½ pomme verte pelée, râpée

1 c. à soupe d'huile d'olive

Sel de mer et poivre du moulin

METTRE tous les ingrédients, sauf l'huile, dans un bol et façonner de petites saucisses.

CHAUFFER l'huile dans une poêle antiadhésive à feu moyen-vif. Dorer les saucisses de 3 à 5 min de chaque côté.

SERVIR au déjeuner avec des tomates poêlées, un rösti (ci-dessous), des œufs pochés (p. 150) et du pain grillé.

-

TOMATES POÊLÉES

Couper 2 tomates, assaisonner la face coupée et cuire juste après les saucisses, dans la même poêle, jusqu'à ce qu'une dorure se forme.

RÖSTI

Galette de pommes de terre suisse

2 pommes de terre Yukon Gold râpées

1 petite échalote française ou ½ poireau émincés finement

1 à 2 c. à soupe d'huile d'olive

Sel de mer et poivre du moulin

MÉLANGER les pommes de terre avec l'échalote et l'huile dans un bol. Assaisonner.

CHAUFFER une poêle antiadhésive à feu moyen. Couvrir le fond d'une mince couche de pommes de terre et cuire jusqu'à ce que la galette soit bien prise.

RETOURNER et cuire de l'autre côté jusqu'à ce qu'elle soit dorée.

-

CRÊPES-REPAS

16 CRÊPES

4 jaunes d'œufs

80 ml (⅓ tasse) de sucre de canne

1 c. à thé d'extrait de vanille ou les grains de 1 gousse

2 c. à soupe de beurre non salé fondu ou d'huile de canola

2 pincées de sel de mer

750 ml (3 tasses) de farine non blanchie*

625 ml (2 ½ tasses) de lait

* Pour une version sans gluten, prendre de la farine de sarrasin.

MÉLANGER au robot ou fouetter à la main les jaunes d'œufs, le sucre, la vanille, le beurre et le sel.

INCORPORER en alternance la farine et le lait.

LAISSER reposer la pâte 30 min avant de cuire les crêpes.

JAMBON ET ASPERGES

Après avoir retourné la crêpe, disposer au centre une tranche de jambon de qualité, une tranche d'un fromage crémeux (Riopelle) et quelques asperges.

À LA BRETONNE

Juste après avoir retourné la crêpe, casser 1 œuf au centre pour le cuire, comme on le ferait d'un œuf au plat.

-

CRÊPES SUZETTE

4 c. à soupe de sucre de canne ou 3 c. à soupe de sirop d'érable

Jus de 1 citron

125 ml (½ tasse) de jus d'orange frais pressé

½ bâton de cannelle

2 clous de girofle

2 à 3 c. à soupe de Grand Marnier ou de Cointreau

1 c. à soupe de beurre

Noisettes hachées grillées

1 orange pelée à vif, en suprêmes

CHAUFFER le sucre avec le jus de citron dans une poêle à feu doux jusqu'à ce qu'il caramélise.

AJOUTER le jus d'orange et les épices. Verser l'alcool et augmenter la température afin que la sauce réduise et épaississe. Ajouter le beurre en fouettant.

NAPPER les crêpes encore chaudes de ce caramel, garnir de noisettes grillées et de suprêmes d'orange.

-

LASAGNES À LA COURGE

4 À 6 PERSONNES

1 grosse courge musquée pelée, en rondelles de 1 cm (3⁄8 po) d'épaisseur

Huile d'olive

12 feuilles de sauge

1 paquet de lasagnes

2 c. à soupe de beurre

60 ml (1⁄4 tasse) d'amandes grossièrement hachées

1 c. à thé de miel

Muscade fraîchement râpée

Sel de mer et poivre du moulin

ÉPINARDS ET RICOTTA

Déposer une couche de ricotta de 1 cm (3⁄8 po) d'épaisseur sur une plaque et cuire au four 15 min à 180 °C (350 °F). Dans une poêle, faire tomber 500 ml (2 tasses) d'épinards à feu moyen avec 1 c. à soupe d'eau. Intégrer les épinards et la ricotta grillée dans le montage des lasagnes.

PRÉCHAUFFER le four à 220 ºC (425 ºF). Tapisser une plaque de papier parchemin.

DÉPOSER les rondelles de courge sur la plaque, assaisonner et arroser d'huile. Enfourner jusqu'à ce qu'elles soient tendres (environ 20 min).

AJOUTER les feuilles de sauge et un peu d'huile. Poursuivre la cuisson 3 min.

CUIRE les lasagnes dans une eau bouillante salée jusqu'à ce qu'elles soient al dente.

CHAUFFER le beurre dans une poêle à feu moyen-vif. Assaisonner, ajouter les amandes et le miel et verser dans un bol dès que le beurre devient couleur noisette.

MONTER les lasagnes dans les assiettes en alternant les pâtes, la sauge et la courge. Arroser de beurre noisette, parsemer d'amandes et de muscade.

-

RISOTTO PRINTANIER

6 À 8 PERSONNES

1 c. à soupe de beurre ou d'huile d'olive

2 échalotes françaises ou 1 oignon ou 1 poireau hachés très finement

375 ml (1 ½ tasse) de riz arborio

250 ml (1 tasse) de Noilly Prat ou de vin blanc

1 l (4 tasses) de bouillon de poulet ou de légumes, maison ou Pacific, tiède

250 ml (1 tasse) de tomates cerises coupées en deux

2 c. à soupe d'huile d'olive

8 asperges vertes taillées en biais en tronçons de 2,5 cm (1 po)

8 asperges blanches taillées en biais en tronçons de 2,5 cm (1 po)

125 ml (½ tasse) de gourganes blanchies, pelées

1 boule de mozzarella fraîche ou 200 g (7 oz) de taleggio en morceaux

80 ml (⅓ tasse) de parmesan ou de grana padano râpés

16 asperges sauvages blanchies 30 s (facultatif)

Sel de mer et poivre du moulin

CHAUFFER le beurre dans une casserole à feu moyen. Faire revenir les échalotes pendant 5 min.

INCORPORER le riz et mélanger pour qu'il s'imbibe.

MOUILLER avec le vermouth et remuer jusqu'à ce qu'il soit absorbé.

VERSER 1 louche de bouillon, mélanger jusqu'à ce que le liquide soit absorbé. Poursuivre ainsi jusqu'à ce que le riz soit al dente (environ 15 min).

ÉTEINDRE le feu. Couvrir et laisser reposer 5 min.

MARINER les tomates dans l'huile d'olive, assaisonner et réserver.

BLANCHIR les asperges et les gourganes dans une eau bouillante salée 2 min. Refroidir aussitôt sous l'eau courante. Peler les gourganes. Réserver.

RÉCHAUFFER le riz à feu doux. Incorporer les fromages, les gourganes et les asperges (sauf les asperges sauvages).

AJOUTER un peu d'eau tiède au besoin et remuer (environ 2 min).

SERVIR le risotto garni de tomates et d'asperges sauvages, si désiré.

-

LÉGUMES GRILLÉS ET TOFU

4 À 6 PERSONNES

TOFU GRILLÉ

1 bloc de tofu ferme bio, en bâtonnets

125 ml (½ tasse) de sauce hoisin (sans blé)

4 cm (1 ½ po) de gingembre râpé

1 gousse d'ail hachée finement ou râpée à la microplane

Quelques gouttes de sambal oelek

1 c. à soupe de graines de sésame

LÉGUMES GRILLÉS

1 grosse patate douce pelée, en gros cubes

3 panais pelés, coupés en deux sur la longueur

1 oignon rouge en quartiers

2 à 3 c. à soupe d'huile d'olive

Sel de mer et poivre du moulin

LÉGUMES VERTS

1 brocoli en petits bouquets

250 ml (1 tasse) de haricots verts

1 bouquet de collard ou de kale émincés

Jus de 1 lime

1 c. à thé de miel*

* Le miel d'été d'Anicet est incomparable.

Tofu grillé

MARINER les tranches de tofu dans la sauce hoisin, le gingembre, l'ail et le sambal oelek, au moins 30 min à la température ambiante, et jusqu'à 6 h au réfrigérateur.

PRÉCHAUFFER le four à 200 ºC (400 ºF). Tapisser une plaque de papier parchemin.

DÉPOSER le tofu sur la plaque, parsemer de graines de sésame et cuire au four 20 min.

Légumes grillés

DÉPOSER la patate douce, le panais et l'oignon sur une autre plaque tapissée de papier parchemin. Arroser d'huile et assaisonner.

ENFOURNER jusqu'à ce que les légumes soient tendres, en les retournant en cours de cuisson.

Légumes verts

BLANCHIR le brocoli et les haricots 3 min et refroidir sous l'eau courante. Blanchir le collard 1 min et refroidir.

SERVIR le tofu, les légumes grillés et les légumes verts séparément ou ensemble, arrosés d'un mélange de jus de lime et de miel. Accompagner, si désiré, de petit épeautre aux épices colombo (p. 190).

TRUITE AUX ÉPICES MAROCAINES

4 PERSONNES

2 grandes ou 4 petites truites (environ 1,8 kg / 4 lb)

2 c. à soupe de cumin
+ 2 c. à soupe de carvi
+ 2 c. à soupe de coriandre
+ 2 c. à soupe de paprika fumé

2 pincées de piment broyé

2 gousses d'ail hachées

4 cm (1 ½ po) de gingembre haché

Jus et zeste de 1 citron bio
+ 1 citron en rondelles

2 échalotes françaises hachées

2 c. à soupe d'huile d'olive

250 ml (1 tasse) d'herbes fraîches (feuilles de céleri, menthe, coriandre, verveine)

PRÉCHAUFFER le four à 230 ºC (450 ºF) ou le barbecue à feu vif.

FAIRE des entailles en biais sur les truites de chaque côté et mettre dans un plat allant au four ou sur un papier d'aluminum.

MÉLANGER les épices, le piment, l'ail, le gingembre, le jus et le zeste de citron, l'échalote et l'huile. Farcir les entailles de ce mélange.

GARNIR le poisson de rondelles de citron et d'herbes fraîches. Refermer en ficelant au besoin.

ENFOURNER de 8 à 10 min ou griller sur le barbecue avec le panier pour poisson 3 min de chaque côté en refermant le couvercle. Ne pas trop cuire.

-

SAUMON GRILLÉ, DAÏKON ET SALICORNE

4 PERSONNES

SALADE DE DAÏKON ET SALICORNE

2 c. à thé de miel

2 c. à soupe de saké

Jus de ½ lime

1 radis japonais (daïkon) pelé, en allumettes

100 g (3 ½ oz) de salicorne

SAUMON GRILLÉ

1 c. à soupe d'huile de sésame rôti

1 c. à soupe de tamari

Jus de ½ lime

4 pavés (600 à 700 g / 1 ⅓ à 1 ½ lb) de saumon avec la peau

2 c. à soupe d'huile de pépins de raisin ou d'olive

¼ piment chili en rondelles minces

1 c. à thé de graines de sésame

Sel de mer

Salade de daïkon et salicorne

FOUETTER le miel, le saké et le jus de lime dans un grand bol.

INCORPORER le daïkon et la salicorne. Réserver.

Saumon grillé

FOUETTER l'huile de sésame, le tamari et le jus de lime. Badigeonner les pavés de saumon. Saler.

CHAUFFER l'huile dans une poêle antiadhésive à feu vif ou préchauffer le barbecue et huiler la grille.

DÉPOSER le saumon côté peau et cuire 1 min.

RÉDUIRE un peu le feu et retirer le poisson dès qu'il est cuit à votre goût (environ 4 min). Couvrir de papier d'aluminium pour garder au chaud.

RÉPARTIR la salade dans les assiettes. Verser le reste du mélange d'huile de sésame, de tamari et de lime sur le poisson. Garnir de piment et de graines de sésame.

CASSOLETTE DE POISSON

2 PERSONNES

250 ml (1 tasse) d'eau

4 branches de thym effeuillées

300 à 400 g (10 ½ à 14 oz) de poisson blanc Ocean Wise

2 c. à soupe de beurre ou d'huile d'olive

1 poireau, le blanc et le vert tendre seulement, en rondelles

1 grosse pomme de terre pelée, en cubes + 2 petites pommes de terre en lamelles (à la mandoline, si possible)

125 ml (½ tasse) de crème

Sel Maldon (en flocons) et poivre du moulin

FAIRE BOUILLIR l'eau dans une poêle profonde allant au four, ajouter le thym et 2 pincées de sel.

RÉDUIRE le feu et pocher le poisson de 2 à 3 min. Réserver l'eau de cuisson d'un côté et le poisson de l'autre.

CHAUFFER 1 c. à soupe de beurre dans la poêle à feu moyen. Faire tomber le poireau 2 min.

AJOUTER les cubes de pomme de terre, assaisonner et cuire jusqu'à ce qu'ils soient tendres.

VERSER la moitié de l'eau réservée et la crème. Poursuivre la cuisson 2 min.

RETIRER du feu et ajouter le poisson. Couvrir des lamelles de pomme de terre, badigeonner 1 c. à soupe de beurre fondu au pinceau et parsemer de sel Maldon.

ENFOURNER à 230 ºC (450 ºF) jusqu'à ce que le dessus soit doré et croustillant (environ 5 min).

-

CREVETTES À LA BIÈRE ET AUX AROMATES

2 À 4 PERSONNES

1 grande bouteille (750 ml) de bière rousse

4 branches de thym

2 feuilles de laurier

4 gousses d'ail écrasées

1 c. à soupe de graines de moutarde noire

1 c. à thé de paprika

Jus de 1 citron

1 kg (2 lb) de crevettes moyennes à grandes

Sauce tartare (ci-dessous, facultatif)

METTRE tous les ingrédients, sauf les crevettes, à bouillir dans une grande casserole.

RÉDUIRE le feu et laisser mijoter 7 min.

INCORPORER les crevettes. Amener à ébullition et retirer du feu.

COUVRIR et laisser mariner 12 min.

ÉGOUTTER et servir avec une sauce tartare, si désiré – en apéro, en entrée ou en repas, avec des frites ou du pain grillé à l'ail.

-

SAUCE TARTARE

2 c. à soupe d'échalote française finement hachée

250 ml (1 tasse) de mayonnaise

Zeste et jus de 1 citron bio

2 c. à soupe de câpres finement hachées

1 c. à soupe de moutarde de Dijon

2 c. à soupe de persil plat finement haché

Sel de mer et poivre du moulin

MÉLANGER tous les ingrédients.

SERVIR avec des crevettes, du poisson, un steak burger de bison (p. 214).

-

MACARONI AU FROMAGE ET HOMARD

4 À 5 PERSONNES

80 à 125 ml (⅓ à ½ tasse) de crème 35 %

1 gousse d'ail hachée très finement ou râpée à la microplane

250 ml (1 tasse) de cheddar fort râpé

1 à 2 c. à soupe de brandy (facultatif)

½ c. à thé de muscade fraîchement râpée

½ c. à thé de moutarde sèche (Colman's) ou 1 c. à thé de moutarde de Dijon

250 à 300 g (9 à 10 ½ oz) de pâtes courtes cuites al dente

1 ou 2 homards (1 à 1,5 kg / 2 à 3 lb) cuits décortiqués ou 1 conserve de homard

1 c. à soupe de purée de truffe ou, au service, un trait d'huile de truffe (facultatif)

Croûtons (ci-dessous, facultatif)

CROÛTONS

Faire revenir dans une poêle 125 à 250 ml (½ à 1 tasse) de pain en cubes avec 1 c. à soupe de beurre, jusqu'à ce que le pain soit doré. Ajouter 1 gousse d'ail hachée, si désiré, et 1 c. à soupe de persil plat haché très finement. Parsemer de sel Maldon (en flocons).

PRÉCHAUFFER le four à 180 °C (350 °F).

CHAUFFER la crème, l'ail, le cheddar, le brandy, si désiré, la muscade et la moutarde dans une grande casserole à feu moyen en remuant jusqu'à ce que le fromage fonde.

AJOUTER les pâtes et bien enrober de sauce.

INCORPORER délicatement la chair de homard et la purée de truffe, ou attendre au service pour ajouter un trait d'huile de truffe, si désiré.

VERSER dans un plat allant au four, garnir de croûtons, si désiré, et enfourner 20 min.

-

SCONES AU HOMARD

4 À 5 PERSONNES

SCONES

375 ml (1 ½ tasse) de farine non blanchie*

2 c. à thé de poudre à pâte

2 pincées de sel de mer

1 c. à thé de graines de fenouil ou de carvi (facultatif)

125 ml (½ tasse) de beurre très froid

80 ml (⅓ tasse) de lait ou de crème 35 %

SAUCE NANTUA

1 ou 2 homards

½ poireau ou 1 oignon émincés grossièrement

5 cm (2 po) de gingembre en tranches

2 tomates en quartiers

375 ml (1 ½ tasse) de vin blanc ou de Noilly Prat

250 ml (1 tasse) d'eau

80 à 125 ml (⅓ à ½ tasse) de crème 35 %

2 c. à soupe de beurre à la température ambiante

2 à 3 c. à soupe de farine non blanchie*

2 c. à soupe de rhum ou de cognac

* Pour une version sans gluten, remplacer la farine par 180 ml (¾ tasse) de la farine tout usage sans gluten de Bob's Red Mill et 180 ml (¾ tasse) d'amandes en poudre.

Scones

PRÉCHAUFFER le four à 190 °C (375 °F). Tapisser une plaque de papier parchemin.

METTRE les ingrédients secs dans un bol. Couper le beurre au-dessus et le défaire rapidement dans la farine avec les doigts.

VERSER le lait en deux fois, en mélangeant pour obtenir une pâte qui se tienne mais qui ne colle pas trop sur les doigts.

APLATIR à la main à 2,5 cm (1 po) d'épaisseur. Découper les scones à l'aide d'un verre et déposer sur la plaque.

RÉFRIGÉRER 10 min, puis cuire 15 min.

Sauce Nantua

CUIRE le homard dans l'eau bouillante : 6 min pour 500 g (1 lb), 1 min de plus par 250 g (½ lb) supplémentaire. Réserver la chair et récupérer les carapaces (pinces et queues).

METTRE les carapaces, le poireau, le gingembre et la tomate dans une casserole. Mouiller avec le vin blanc et l'eau, laisser mijoter 30 min.

FILTRER le liquide, remettre dans la casserole et ajouter la crème. Écraser le beurre et la farine à la fourchette, incorporer à la sauce en fouettant pour l'épaissir.

VERSER le rhum dans la sauce au moment de servir.

scones
homard
Couper les scones dans l'épaisseur, garnir de morceaux de homard et napper de sauce.
Sauce Nantua

SPAGHETTI VONGOLE

4 À 6 PERSONNES

2 c. à soupe d'huile d'olive

1 échalote française hachée finement

2 gousses d'ail hachées finement

100 g (3 ½ oz) de chorizo haché

180 ml (¾ tasse) de sauvignon blanc ou de Noilly Prat

2 à 3 kg (4 ¼ à 7 lb) de petites palourdes nettoyées

400 g (14 oz) de spaghettis cuits al dente

Persil plat haché

1 citron en quartiers

Sel de mer et poivre du moulin

VARIANTE

Remplacer l'échalote par 1 poireau, l'ail et le chorizo par ½ piment chili émincé finement et le vin blanc par un mélange de pastis et d'eau. Ajouter 250 ml (1 tasse) de pois sucrés avec leur cosse ou d'asperges en tronçons, blanchis. Garnir de 80 ml (⅓ tasse) de feuilles entières d'estragon à la place du persil. Servir avec des quartiers de lime plutôt que de citron.

CHAUFFER l'huile dans une casserole à feu moyen-vif. Faire revenir l'échalote, l'ail et le chorizo pendant 5 min.

AUGMENTER le feu. Verser le vin et ajouter les palourdes. Couvrir et cuire jusqu'à ce que les coquillages s'ouvrent (environ 5 min).

RÉDUIRE le feu. Retirer les coquilles qui ne sont pas ouvertes.

AJOUTER les pâtes cuites et le persil. Assaisonner et réchauffer 2 min.

SERVIR avec des quartiers de citron.

-

PAELLA DE VALENCIA

4 À 6 PERSONNES

2 pincées de safran espagnol ou perse

250 ml (1 tasse) de vin blanc

2 à 3 c. à soupe d'huile d'olive

1 chorizo en fines rondelles

4 à 6 pilons de poulet ou 1 lapin en morceaux

1 oignon haché finement

2 gousses d'ail hachées finement

3 tomates en cubes

1 c. à thé de paprika ou paprika fumé

250 ml (1 tasse) de riz Calasparra ou arborio

1 l (4 tasses) de bouillon de poulet maison ou Pacific à la température ambiante

4 à 6 crevettes moyennes à grandes décortiquées
+ 6 à 12 petites palourdes
+ 6 à 12 moules

1 poivron rouge rôti, en lanières (facultatif)

250 ml (1 tasse) de haricots verts blanchis

1 poignée de petits pois frais ou surgelés

METTRE le safran dans le vin et réserver.

CHAUFFER l'huile dans un plat à paella et colorer le chorizo 2 min. Réserver.

CUIRE les pilons dans la même poêle 15 min. Réserver.

AJOUTER un peu d'huile et faire revenir l'oignon et l'ail 6 min. Ajouter les tomates et le paprika, cuire 8 min.

INCORPORER le riz et cuire 3 min à feu moyen en remuant. Mouiller avec le vin au safran.

AJOUTER le chorizo et les pilons. Verser la moitié du bouillon, mais ne plus brasser la paella du tout. Couvrir d'un papier d'aluminium et laisser cuire 15 min.

METTRE les fruits de mer et le reste du bouillon dans une casserole. Amener à ébullition et couvrir jusqu'à ce que les coquillages s'ouvrent (environ 5 min). Réserver et récupérer le bouillon.

AJOUTER ce bouillon à la paella petit à petit, jusqu'à ce que le riz soit cuit. Ne pas couvrir et rechercher la lenteur de la cuisson. Goûter et ajouter un peu de bouillon au besoin.

AJOUTER les poivrons, les haricots, les petits pois et les fruits de mer. Retirer du feu et couvrir le plat d'un linge mouillé.

-

POULET AUX HERBES

4 À 6 PERSONNES

1 poulet entier de 1,8 à 2,25 kg (4 à 5 lb), bio de préférence

1 citron bio coupé en deux

1 gousse d'ail en chemise coupée en deux

3 branches de romarin + 8 à 10 branches de thym + 2 à 3 feuilles de sauge

125 ml (½ tasse) de beurre à la température ambiante

125 ml (½ tasse) de persil plat haché

500 ml (2 tasses) de champignons de Paris entiers

500 ml (2 tasses) de topinambours pelés en morceaux

Sel de mer et poivre du moulin

PRÉCHAUFFER le four à 200 ºC (400 ºF).

RINCER le poulet à l'intérieur et à l'extérieur et bien l'essuyer. Assaisonner l'intérieur et l'extérieur.

INTRODUIRE les demi-citrons dans le poulet avec l'ail, le romarin, le thym et la sauge.

MÉLANGER le beurre avec le persil, assaisonner. Glisser ce mélange entre la peau et la chair et étaler le reste sur le poulet.

ATTACHER les cuisses du poulet avec une ficelle. Mettre dans un plat à rôtir en dispersant les champignons et les topinambours tout autour.

ENFOURNER pendant 1 h 45 ou jusqu'à ce que le poulet atteigne une température de 85 ºC (180 ºF) au thermomètre.

ARROSER du jus de cuisson toutes les 30 min et faire pivoter le plat pour que le poulet soit uniformément doré.

SORTIR du four. Couvrir de papier d'aluminium et laisser reposer 10 min avant de couper et de servir.

-

PÂTÉ AU POULET

4 À 6 PERSONNES

3 c. à soupe de beurre

1 poireau émincé

2 carottes en dés

1 petite courge musquée en cubes

2 bâtons de céleri en dés

3 c. à soupe de farine non blanchie*

125 ml (½ tasse) de vin blanc

750 ml (3 tasses) de bouillon de poulet maison ou Pacific

Viande de 1 poulet ou 1 cuisse de dinde cuits

3 c. à soupe de crème 35 %

250 ml (1 tasse) de petits pois surgelés

1 c. à soupe de thym + 1 c. à thé de romarin hachés

1 pâte feuilletée de boulangerie* ou pâte à tarte au beurre (p. 250)

1 œuf battu

Sel de mer et poivre du moulin

VARIANTE

Remplacer la pâte feuilletée par des boules de pâtes à scones (p. 172), déposées ici et là sur la volaille et les légumes.

* Pour une version sans gluten, remplacer la farine par de la farine tout usage sans gluten de Bob's Red Mill et la pâte feuilletée par une pâte à scones sans gluten.

CHAUFFER le beurre dans une grande casserole à feu moyen-vif. Faire revenir le poireau, la carotte, la courge et le céleri pendant 7 min.

INCORPORER la farine en remuant 2 min. Déglacer avec le vin blanc et laisser réduire complètement.

VERSER le bouillon. Ajouter les morceaux de poulet, la crème et cuire en brassant pendant 10 min.

AJOUTER les petits pois et les herbes, assaisonner et transférer dans un plat allant au four.

PRÉCHAUFFER le four à 180 °C (350 °F).

ROULER la pâte feuilletée et couvrir le plat en pressant bien le contour. Faire de petites entailles au couteau pour laisser sortir la chaleur. Badigeonner d'œuf.

ENFOURNER jusqu'à ce que la croûte soit dorée (environ 20 min). Retirer du four et laisser reposer 10 min avant de servir.

POULET AUX PRUNEAUX ET NOIX

6 PERSONNES

60 ml (¼ tasse) de pistaches

60 ml (¼ tasse) de noix de Grenoble

80 ml (⅓ tasse) de pruneaux

6 hauts de cuisse de poulet

Sel de mer et poivre du moulin

Sauce aux mûres (ci-dessous)

Frisée à la poire (ci-dessous)

SAUCE AUX MÛRES

Chauffer 1 casseau de mûres dans une petite casserole à feu moyen-doux pendant 4 min. Ajouter 1 c. à soupe de sucre de canne si les mûres sont acides. Verser 3 c. à soupe de vinaigre de vin rouge de qualité et poursuivre la cuisson 2 min. Écraser à la fourchette ou broyer au mélangeur et filtrer au tamis, si désiré.

FRISÉE À LA POIRE

Mettre 1 laitue frisée niçoise et 1 poire ferme en tranches fines dans un saladier. Pour la vinaigrette, fouetter 1 c. à thé de moutarde de Dijon, 1 c. à thé d'échalote française finement hachée et ½ c. à thé de sucre de canne. Assaisonner et ajouter en fouettant 1 à 2 c. à soupe de vinaigre de vin blanc ou rouge et 4 c. à soupe d'huile d'olive.

PRÉCHAUFFER le four à 190 ºC (375 ºF).

BROYER grossièrement les pistaches, les noix et les pruneaux au robot. Assaisonner.

GLISSER 1 c. à soupe de ce mélange sous la peau des cuisses. Refermer au besoin avec de la ficelle de boucher.

ENFOURNER pendant 20 min, puis réduire la température du four à 160 ºC (325 ºF) et poursuivre la cuisson (environ 1 h 15).

SERVIR le poulet accompagné de sauce aux mûres et de frisée à la poire (ci-dessous).

POITRINES DE POULET AU CITRON

4 PERSONNES

4 poitrines de poulet

3 c. à soupe d'huile d'olive

Zeste et jus de 1 citron bio

8 branches de thym effeuillées

Sel de mer et poivre du moulin

À L'ORANGE

En plus du citron, ajouter le zeste et le jus de 1 orange bio. Réduire la quantité de thym et ajouter 1 branche de romarin ou 3 feuilles de sauge.

PLACER tous les ingrédients dans un sac refermable. Masser le poulet pour bien l'enrober de marinade et réfrigérer 2 h.

CHAUFFER une poêle ou le barbecue à feu moyen-vif. Cuire les poitrines 5 min d'un côté. Retourner et cuire 2 min de l'autre côté en couvrant pour garder l'humidité.

LAISSER reposer la viande à couvert pendant 5 min.

TAILLER des tranches de 1 cm (3/8 po) en biais.

-

SALADE CÉSAR

3 cœurs de laitues mélangées (romaine, Boston, chicorée, frisée)

Copeaux de parmesan

VINAIGRETTE CÉSAR

80 ml (1/3 tasse) de yogourt grec

2 à 4 c. à soupe d'huile d'olive

2 c. à soupe de parmesan râpé

1 c. à soupe de sauce Worcestershire

1 gousse d'ail hachée finement ou râpée à la microplane

Zeste et jus de 1 citron bio

2 anchois hachés

Poivre du moulin

METTRE les 3 laitues en feuilles dans un saladier.

FOUETTER tous les ingrédients de la vinaigrette.

VERSER sur les laitues et garnir de copeaux de parmesan.

-

LAGUIOLE
Z40C13 TREMPE

POULET SALTIMBOCCA

4 PERSONNES

2 poitrines de poulet

12 tranches de prosciutto

12 feuilles de sauge

6 tomates séchées

3 champignons portobellos en tranches de 1 cm (3/8 po) poêlés

2 c. à soupe d'huile d'olive

Poivre du moulin

PRÉCHAUFFER le four à 200 ºC (400 ºF).

TRANCHER les poitrines en 6 escalopes les plus minces possible.

ASSEMBLER les saltimboccas en superposant 2 tranches de prosciutto, 1 escalope de poulet, 2 feuilles de sauge, 1 tomate séchée coupée en deux et des tranches de champignons. Poivrer et enrouler le tout.

CHAUFFER l'huile dans une poêle allant au four, à feu moyen-vif. Faire revenir les 6 rouleaux obtenus.

ENFOURNER 20 min pour finir la cuisson.

DÉCOUPER chaque rouleau en deux pour obtenir 12 bouchées.

-

KALE ET BETTE À CARDE POÊLÉS

1 à 2 c. à soupe d'huile d'olive

1 échalote française hachée finement

1 c. à soupe de miel

1 bouquet de bettes à carde grossièrement haché

1 bouquet de kale grossièrement haché

Jus de 1 citron

Sel de mer et poivre du moulin

CHAUFFER 1 c. à soupe d'huile dans une poêle à feu moyen-vif et faire revenir l'échalote 2 min. Assaisonner.

VERSER le miel, ajouter les verdures et cuire de 4 à 5 min en remuant.

ARROSER de jus de citron et servir.

-

BROCHETTES DE POULET SATAY

4 PERSONNES

3 cm (1 ¼ po) de galanga (p. 55) ou de gingembre râpés

1 bâton de citronnelle haché

4 gousses d'ail hachées

Racines de 1 bouquet de coriandre

3 c. à soupe de sucre de palme râpé (p. 55) ou de miel

250 ml (1 tasse) de sauce soya (sans blé)

2 poitrines de poulet en aiguillettes

RASSEMBLER tous les ingrédients dans un sac plastique refermable. Masser le poulet pour bien l'enrober de marinade et réfrigérer 1 h.

PRÉCHAUFFER le barbecue à feu vif.

PIQUER les aiguillettes sur des brochettes et cuire 4 min de chaque côté en refermant le couvercle du barbecue.

-

SALADE DE PAPAYE VERTE

1 papaye verte pelée

1 piment chili ou oiseau épépiné, émincé très finement

2 à 3 c. à soupe d'arachides hachées

60 ml (¼ tasse) de coriandre ou de menthe ou de basilic hachés

3 gousses d'ail jeune hachées finement ou râpées à la microplane

3 à 4 c. à soupe de sucre de palme râpé (p. 55) ou de sucre de canne

2 à 3 c. à soupe de sauce de poisson Nuoc Mam (p. 55) ou de sauce soya

Jus de 1 à 2 limes

2 cm (¾ po) de gingembre râpé

1 c. à soupe de pâte de tamarin délayée dans l'eau chaude (facultatif)

Sel de mer

TAILLER la papaye en fine julienne à l'aide d'une mandoline. Réserver.

FOUETTER tous les autres ingrédients dans un grand bol.

AJOUTER la papaye, mélanger et laisser les parfums s'imprégner de 10 à 15 min.

GOÛTER et saler avant de servir.

-

VARIANTES

On peut faire la même recette avec un filet de bœuf ou de saumon (mariner le poisson 30 min seulement).

TAJINE DE LAPIN AUX OLIVES

4 PERSONNES

2 c. à soupe d'huile d'olive

2 oignons émincés

2 gousses d'ail hachées

1 bouquet de coriandre, tiges hachées et feuilles entières

1 ou 2 pincées de safran espagnol ou perse

1 à 2 c. à soupe de gingembre moulu

1 pointe de cayenne (facultatif)

1 lapin en morceaux ou 1 kg (2 lb) de hauts de cuisse de poulet désossés

1 l (4 tasses) d'eau

2 petits citrons confits en quartiers

250 ml (1 tasse) d'olives vertes dénoyautées

CHAUFFER l'huile dans une grande casserole à feu moyen. Faire revenir l'oignon, l'ail, les tiges de coriandre et les épices pendant 5 min.

AJOUTER le lapin et cuire 7 min.

VERSER l'eau, ajouter les citrons confits et les olives, réduire le feu et laisser mijoter 20 min à couvert.

GARNIR de feuilles de coriandre et servir accompagné de petit épeautre aux épices colombo (ci-dessous).

-

PETIT ÉPEAUTRE AUX ÉPICES COLOMBO

2 c. à soupe d'huile d'olive

1 échalote française hachée finement

1 c. à thé de curcuma + 1 c. à thé de graines de moutarde + 1 c. à thé de graines coriandre broyées au mortier

⅓ à ½ piment chili épépiné, haché finement

250 ml (1 tasse) de petit épeautre ou de sarrasin

500 à 750 ml (2 à 3 tasses) d'eau bouillante

125 ml (½ tasse) de tomates en morceaux marinées dans un peu d'huile

Sel de mer et poivre du moulin

CHAUFFER l'huile dans une casserole à feu moyen. Faire revenir l'échalote, les épices, le piment et l'épeautre en touillant pendant 4 min.

VERSER l'eau et laisser mijoter en réduisant le feu jusqu'à ce que l'épeautre soit cuit (environ 30 min). Ajouter de l'eau au besoin.

ASSAISONNER et garnir de tomates marinées.

-

CASSOULET MINUTE

Parfumé à la portugaise

4 PERSONNES

1 c. à soupe de gras de canard ou d'huile d'olive

1 oignon haché finement

1 gousse d'ail hachée finement

1 chorizo en rondelles

2 branches de thym

2 tomates en cubes

½ poivron rouge rôti, pelé grossièrement, en lanières (facultatif)

1 à 2 c. à thé de paprika fumé

500 ml (2 tasses) de haricots blancs cuits ou en conserve rincés

2 cuisses de canard confites, en gros morceaux

Sel de mer et poivre du moulin

GARNITURES (FACULTATIF)

Tomates cerises marinées dans un peu d'huile d'olive

Persil plat haché

Croûtons (p. 170)

CHAUFFER le gras de canard dans une casserole à feu moyen. Faire revenir l'oignon et l'ail 5 min.

AJOUTER le chorizo et faire dorer 3 min.

INCORPORER le thym, la tomate, le poivron, si désiré, et le paprika. Poursuivre la cuisson 5 min.

AJOUTER les haricots blancs cuits, le canard et poursuivre la cuisson à feu doux 10 min, en mouillant avec un peu d'eau au besoin.

ASSAISONNER et servir.

FILET DE PORC AUX HERBES FRAÎCHES

4 À 6 PERSONNES

60 ml (¼ tasse) et plus d'huile d'olive

Zeste de 1 citron bio

1 c. à thé de romarin haché

1 c. à soupe de thym haché

1 c. à soupe de persil plat haché

1 c. à soupe de miel

2 c. à soupe de moutarde de Meaux

2 filets de porc (environ 360 g / ¾ lb chacun)

Abricots grillés (ci-dessous, facultatif)

Sel de mer et poivre du moulin

ABRICOTS GRILLÉS

Déposer les abricots entiers sur une plaque tapissée de papier parchemin. Cuire au four à 200 °C (400 °F) de 15 à 20 min. Retirer la peau et les noyaux et servir avec le porc.

RASSEMBLER tous les ingrédients dans un sac plastique refermable. Masser les filets de porc pour bien les enrober de la marinade.

MARINER au réfrigérateur de 1 h à 1 jour.

SORTIR la viande 30 min avant de la cuire, assaisonner. Préchauffer le four à 200 ºC (400 ºF).

CHAUFFER 1 c. à soupe d'huile dans une casserole allant au four à feu vif. Saisir le porc 3 min de chaque côté pour bien dorer.

ENFOURNER de 8 à 10 min ou jusqu'à ce que la viande atteigne une température interne de 65 à 70 ºC (150 à 160 ºF) pour qu'elle reste rosée.

SORTIR du four, couvrir de papier d'aluminium et laisser reposer 5 min avant de trancher.

SERVIR avec des abricots grillés ou des raisins à la mélasse de grenade (p. 258, sans cassonade) et accompagner d'une salade de fenouil et radicchio (p. 218), si désiré.

EFFILOCHÉ DE PORC EN SAUCE MOLE

6 À 8 PERSONNES

2 gousses d'ail écrasées

1 oignon haché finement

1 kg (2 lb) d'épaule de porc* coupée en deux

1 c. à soupe de chipotle en sauce adobo

500 ml (2 tasses) de tomates broyées

125 ml (½ tasse) de miel ou de sirop d'érable ou de cassonade

1 c. à thé de grains de café ou 2 espressos

4 c. à soupe de cacao en poudre de qualité ou de chocolat 99 %

* Les morceaux à mijoter sont moins coûteux, choisissez donc de préférence des viandes d'élevage de qualité.

VARIANTES

Remplacer le porc par des hauts de cuisse de poulet (pour un temps de cuisson de 2 h) ou des haricots rouges ou noirs et procéder de la même manière.

PRÉCHAUFFER le four à 180 ºC (350 ºF).

METTRE tous les ingrédients, sauf le café et le cacao, dans une grande casserole allant au four. Verser de l'eau jusqu'à couvrir à peine la viande.

COUVRIR et cuire au four 3 h 30.

EFFILOCHER le porc. Ajouter le café et le cacao et laisser mijoter à découvert à feu doux pendant 1 h. Ajouter de l'eau au besoin.

SERVIR avec des légumes, en chili con carne, en pâté chinois... ou en sandwich, avec une salade de chou (ci-dessous) et des cornichons. Congeler en portions individuelles dans des sacs hermétiques.

-

SALADE DE CHOU

1 petit chou émincé

½ à 1 piment chili épépiné, haché finement

1 c. à soupe de miel

3 c. à soupe de vinaigre de vin

Jus de 1 lime

Sel de mer et poivre du moulin

MÉLANGER tous les ingrédients dans un bol au moins 15 min avant de servir.

-

PAIN DE VIANDE

6 À 8 PERSONNES

2 c. à soupe d'huile d'olive

1 oignon haché finement

4 à 6 gousses d'ail hachées

1 bâton de céleri haché finement

500 g (1 lb) de veau haché

500 g (1 lb) de dinde hachée

1 œuf + 2 œufs mollets écalés

125 ml (½ tasse) de lait ou de vin blanc

250 ml (1 tasse) de pain ou de pain de riz blanc en cubes

125 ml (½ tasse) de persil plat haché

2 c. à soupe de thym haché

2 c. à soupe d'origan haché

60 ml (¼ tasse) de moutarde de Dijon

1 à 2 c. à soupe de sel de mer

1 c. à soupe de poivre du moulin

12 tranches de prosciutto

PRÉCHAUFFER le four à 190 ºC (375 ºF).

CHAUFFER l'huile dans un poêlon à feu moyen. Faire revenir l'oignon, l'ail et le céleri 5 min.

MÉLANGER les viandes, 1 œuf et le lait dans un grand bol. Ajouter le pain, les herbes et les assaisonnements.

COUVRIR de tranches de prosciutto le fond et les côtés d'un moule à pain. Verser le tiers du mélange, coucher les œufs mollets l'un derrière l'autre, puis remplir avec le reste du mélange. Déposer les tranches de prosciutto restantes sur le dessus.

METTRE le moule dans un plat plus grand et verser un peu d'eau tiède pour une cuisson au bain-marie. Enfourner 1 h.

LAISSER reposer 15 min, puis démouler. Servir avec une sauce tomate (p. 204), un ketchup ou une marinade.

-

TÊTES-DE-VIOLON MARINÉES

Mettre 500 ml (2 tasses) de têtes-de-violon nettoyées et blanchies dans un pot. Faire chauffer 250 ml (1 tasse) d'eau, 125 ml (½ tasse) de vinaigre de riz ou de vinaigre blanc, 4 c. à soupe de sucre de canne, 1 ½ c. à thé de sel de mer, le zeste de ½ citron bio, 1 gousse d'ail, 5 grains de poivre et 1 feuille de laurier dans une casserole. Retirer du feu lorsque la marinade se met à bouillir et verser sur les têtes-de-violon.

VITELLO TONNATO

4 À 6 PERSONNES

1 kg (2 lb) de quasi de veau*

4 branches de thym hachées

1 bouquet de persil plat haché (incluant les tiges)

1 c. à soupe d'huile

1 c. à soupe de beurre

80 ml (⅓ tasse) de vin blanc

1 conserve de 170 g (6 oz) de thon dans l'eau

2 à 3 c. à soupe de câpres hachées

3 anchois hachés

Jus et zeste de 1 citron bio

125 ml (½ tasse) de mayonnaise à l'huile d'olive

Quelques caprons ou grosses câpres

Tranches de pain grillées

Sel de mer et poivre du moulin

* Le quasi est la partie la plus tendre du veau, celle dans laquelle le boucher taille les escalopes.

À LA DINDE

Remplacer le veau par une poitrine de dinde et s'assurer qu'elle est bien cuite avant de la sortir du four.

ASSAISONNER le veau, frotter avec le thym et la moitié du persil et laisser les herbes parfumer la viande pendant 15 min à la température ambiante.

PRÉCHAUFFER le four à 200 ºC (400 ºF).

CHAUFFER l'huile et le beurre dans une poêle allant au four à feu vif. Faire dorer le veau 1 min de chaque côté.

DÉGLACER au vin blanc et gratter les sucs.

ENFOURNER 10 min. Sortir du four et laisser tempérer 15 min.

RÉSERVER le jus de cuisson, couvrir le veau de pellicule plastique et placer au congélateur pendant 1 h. (Cela permettra de couper de fines tranches.)

MÉLANGER vigoureusement, à la fourchette, le thon, les câpres, les anchois, le zeste et le jus de citron, la mayonnaise et le jus de cuisson réservé.

COUPER la viande en fines tranches, disposer sur un plat de service, napper de sauce au thon et garnir de caprons et du reste de persil.

ACCOMPAGNER de tranches de pain grillées.

QUASI DE VEAU

6 À 8 PERSONNES

4 branches de thym effeuillées

1 bouquet de persil plat haché finement

2 gousses d'ail hachées finement

2 c. à soupe de beurre à la température ambiante ou d'huile d'olive

1,5 kg (3 lb) de quasi de veau*

1 c. à soupe d'huile d'olive

80 ml (1/3 tasse) de vin blanc

Poêlée de champignons sauvages (p. 48)

Haricots verts ou asperges ou brocolis blanchis

Sel de mer et poivre du moulin

* Le quasi est la partie la plus tendre du veau, celle dans laquelle le boucher taille les escalopes.

PRÉCHAUFFER le four à 190 °C (375 °F).

METTRE les herbes, l'ail et le beurre dans un bol. Assaisonner et mélanger. Tartiner le veau et bien masser. Laisser reposer 30 min à la température ambiante.

CHAUFFER l'huile dans une poêle allant au four à feu vif et faire dorer le veau de 1 à 2 min de chaque côté.

MOUILLER avec le vin et gratter les sucs.

ENFOURNER environ 20 min, jusqu'à atteindre une température de 68 °C (155 °F) au centre de la viande. (Pour une cuisson en deux temps, enfourner 15 min, sortir et couvrir 10 min ou plus, puis remettre la viande au four, à découvert, 15 min.)

LAISSER la viande reposer 10 min, couverte de papier d'aluminium, avant de la trancher et de la servir avec une poêlée de champignons sauvages et des légumes verts blanchis.

-

BOULETTES EN SAUCE TOMATE

4 PERSONNES

BOULETTES

2 tranches de pain sans croûte

125 ml (½ tasse) de vin rouge

500 g (1 lb) de veau ou de dinde hachés

125 ml (½ tasse) d'oignon haché

2 gousses d'ail hachées finement ou râpées à la microplane

1 œuf

2 c. à soupe de persil plat haché finement

2 c. à soupe de parmesan ou de pecorino romano râpés

½ c. à thé d'origan haché

½ c. à thé de cumin

2 c. à soupe d'huile d'olive

Sel de mer et poivre du moulin

SAUCE TOMATE

1 kg (2 lb) de tomates en morceaux, fraîches ou en conserve, ou de coulis de tomate

1 c. à soupe de vinaigre de vin rouge ou le reste du vin rouge des boulettes

1 gousse d'ail râpée

1 feuille de laurier

1 c. à soupe de sucre de canne ou de miel

½ c. à soupe de cannelle

¼ c. à soupe de clou de girofle broyé ou moulu

ACCOMPAGNEMENTS

Yogourt grec

Graines de cumin

IMBIBER le pain de vin. Égoutter et déchiqueter les tranches. Réserver le reste de vin pour la sauce.

MÉLANGER tous les ingrédients des boulettes, sauf l'huile, dans un grand bol.

FAÇONNER des boulettes de la taille d'une balle de ping-pong et réfrigérer 30 min.

RÉUNIR tous les ingrédients de la sauce tomate dans une grande casserole et cuire à feu doux 20 min. Broyer au mélangeur à main.

CHAUFFER l'huile dans une poêle antiadhésive à feu moyen-vif et colorer les boulettes.

TRANSFÉRER dans la sauce tomate et cuire à feu moyen jusqu'à ce que la viande soit cuite (environ 15 min).

SERVIR les boulettes avec la sauce, garnies de yogourt grec et de quelques graines de cumin.

-

GIOUVETSI

Veau et orzo

4 PERSONNES

2 c. à soupe d'huile d'olive

1 oignon ou 2 échalotes françaises émincés

3 gousses d'ail hachées

2 ou 3 pincées de cannelle

4 clous de girofle broyés au mortier

4 osso buco ou 500 g (1 lb) de rôti de palette ou de cubes de veau

3 à 4 tomates en morceaux

250 ml (1 tasse) de vin blanc sec

3 feuilles de laurier

4 branches de thym

250 à 500 ml (1 à 2 tasses) d'eau tiède

250 ml (1 tasse) d'orzo* grillé à sec

Pecorino romano en copeaux

Sel de mer et poivre du moulin

* Pour une version sans gluten, remplacer l'orzo par des pâtes sans gluten, cuites séparément.

PRÉCHAUFFER le four à 180 ºC (350 ºF).

CHAUFFER l'huile dans un chaudron allant au four à feu moyen et faire revenir l'oignon, l'ail et les épices de 4 à 5 min.

METTRE les osso buco, assaisonner et colorer de 2 à 3 min de chaque côté.

AJOUTER les tomates et cuire 10 min.

MOUILLER avec le vin, ajouter le laurier et le thym et verser de l'eau jusqu'à couvrir à peine la viande. Goûter le bouillon et rectifier l'assaisonnement.

CUIRE au four pendant 1 h 30.

RETIRER le laurier et le thym. Ajouter l'orzo et un peu de liquide au besoin, pour couvrir 2 cm (¾ po) au-dessus des pâtes.

REMETTRE au four jusqu'à ce que l'orzo soit cuit (environ 30 min).

SERVIR avec des copeaux de fromage.

-

À L'AGNEAU

En Grèce, il existe plusieurs versions de ce plat réconfort. On remplace, par exemple, le veau par de l'agneau, qu'on parfume en le faisant macérer 24 h avec 1 c. à soupe de piment de la Jamaïque, 1 c. à soupe de cumin, ½ c. à thé de muscade et 1 ½ c. à thé de cannelle. Parfumer avec du vin rouge plutôt que du blanc.

MACARONI À LA VIANDE

6 À 8 PERSONNES

500 g (1 lb) de macaronis*

2 c. à soupe et plus d'huile d'olive

500 g (1 lb) de bœuf haché maigre

60 ml (¼ tasse) de pancetta émincée (facultatif)

500 ml (2 tasses) de champignons de Paris en quartiers

1 gros oignon haché finement

½ poivron haché finement

2 bâtons de céleri hachés

2 gousses d'ail hachées finement

½ c. à thé de flocons de chili

1 c. à thé d'origan haché ou séché sur branche

1 conserve de 796 ml (28 oz) de tomates entières

60 ml (¼ tasse) de persil plat haché

250 ml (1 tasse) de mozzarella râpée

60 ml (¼ tasse) de grana padano ou de pecorino romano râpés

Sel de mer et poivre du moulin

* Pour une recette sans gluten, choisir des pâtes courtes de GoGo Quinoa.

PRÉCHAUFFER le four à 190 ºC (375 ºF).

CUIRE les macaronis 3 min de moins que les directives inscrites sur l'emballage.

ÉGOUTTER en réservant 250 ml (1 tasse) d'eau de cuisson (pour les pâtes de quinoa, rincer rapidement). Arroser d'un filet d'huile et réserver.

CHAUFFER 2 c. à soupe d'huile dans une grande casserole à feu vif. Faire revenir 5 min le bœuf haché et la pancetta, si désiré.

AJOUTER les champignons, l'oignon, le poivron, le céleri, l'ail, le chili et l'origan. Assaisonner et cuire 5 min.

VERSER les tomates, écraser grossièrement à la cuillère et poursuivre la cuisson 15 min.

INCORPORER l'eau de cuisson réservée, les macaronis et le persil. Mélanger 2 min.

AJOUTER la moitié de la mozzarella en brassant. Rectifier l'assaisonnement.

TRANSFÉRER le mélange dans un plat allant au four. Garnir du reste de mozzarella et du grana padano.

ENFOURNER et cuire jusqu'à ce que le fromage soit fondu et croustillant (environ 15 min).

On/Off
Clean Lock/
Child Lock
Timer
0
1

BŒUF MARINÉ GRILLÉ

2 À 4 PERSONNES

500 g (1 lb) de bavette ou d'onglet de bœuf

1 c. à soupe de thym effeuillé

1 c. à soupe de romarin haché

1 c. à soupe de sumac

1 c. à soupe d'huile d'olive

Sel de mer et poivre du moulin

VARIANTE

Remplacer les herbes et le sumac par le mélange suivant : 1 c. à soupe de graines de coriandre et 1 c. à soupe de grains de café broyés au mortier, 1 c. à soupe de miel, 1 c. à soupe de xérès et 1 gousse d'ail râpée.

ENTAILLER la viande en quadrillage si l'épaisseur le permet. Mettre dans un sac plastique refermable, ajouter les herbes, le sumac et l'huile.

MARINER 1 h à la température ambiante.

PRÉCHAUFFER le barbecue à feu vif.

ASSAISONNER la viande et cuire de 4 à 5 min de chaque côté en refermant le couvercle du barbecue.

COUVRIR la viande de papier d'aluminium et laisser reposer 15 min.

TRANCHER dans le sens contraire des fibres.

-

FRITES DE PATATE DOUCE AU FOUR

3 patates douces lavées

2 à 3 c. à soupe d'huile d'olive

2 branches de romarin effeuillées, hachées finement

2 pincées de sel de mer

VARIANTE

Remplacer la patate douce par de la pomme de terre.

PRÉCHAUFFER le four à 220 ºC (425 ºF). Tapisser une plaque de papier parchemin.

COUPER les patates douces sur la longueur en frites de 1 cm (⅜ po) d'épaisseur. Mettre dans un bol, ajouter le reste des ingrédients et mélanger.

DÉPOSER les frites sur la plaque et cuire au four jusqu'à ce qu'elles soient tendres et croustillantes (environ 10 min).

-

BROCHETTES DE BISON

4 PERSONNES

600 g (1 ⅓ lb) de cubes de bison* dans le contre-filet

3 branches de thym + 1 branche de romarin + 4 branches d'origan effeuillées

1 c. à soupe d'huile d'olive

1 c. à soupe de moutarde de Meaux (facultatif)

2 gousses d'ail

8 champignons de Paris

2 courgettes en morceaux de 2,5 cm (1 po)

8 tomates cerises

Chimichurri (ci-dessous)

Sel de mer et poivre du moulin

* Le bison est moins gras et plus rapide à cuire que le bœuf.

METTRE tous les ingrédients, sauf les légumes et le chimichurri, dans un sac plastique refermable. Mariner 30 min à la température ambiante.

PRÉCHAUFFER le barbecue à feu moyen-vif.

ENFILER les cubes de viande, les légumes et les tomates sur les brochettes. Assaisonner.

CUIRE 3 min de chaque côté. Emballer dans du papier d'aluminium et laisser reposer 5 min.

SERVIR avec du chimichurri.

-

CHIMICHURRI

80 à 125 ml (⅓ à ½ tasse) d'huile d'olive

1 échalote française émincée finement

1 gousse d'ail hachée finement ou râpée à la microplane

125 ml (½ tasse) de persil plat haché finement

1 ou 2 pincées de sel Maldon (en flocons)

½ piment chili épépiné, haché finement

125 ml (½ tasse) de menthe ou d'origan ciselés

Zeste de ½ citron bio et jus de 1 citron

RASSEMBLER les 6 premiers ingrédients dans un bol et laisser reposer 15 min.

AJOUTER la menthe, le zeste et le jus de citron. Servir.

-

STEAK BURGER DE BISON

Ou autre viande hachée

4 PERSONNES

700 g (1 ½ lb) de bison haché

1 c. à soupe d'huile de canola

1 tranche de pain ou de pain sans gluten sans la croûte en cubes

80 ml (⅓ tasse) de lait ou de vin blanc

1 œuf (facultatif)

1 gousse d'ail hachée finement ou râpée à la microplane

1 c. à soupe de thym ou de persil ou d'origan hachés

1 c. à soupe de moutarde de Meaux

1 c. à thé de piment de la Jamaïque broyé au mortier (facultatif)

Oignons frits (ci-dessous, facultatif)

Sauce tartare (p. 168, facultatif)

Sel de mer et poivre du moulin

MÉLANGER les 9 premiers ingrédients dans un bol. Assaisonner.

FORMER 4 galettes de 2 cm (¾ po) d'épaisseur, sans trop les travailler. Réfrigérer 30 min.

CHAUFFER une poêle ou le barbecue à feu vif. Saisir 5 min de chaque côté. (La viande est parfaite lorsqu'elle atteint une température de 70 ºC / 160 ºF. Soyez patient, n'écrasez pas la viande en la cuisant, elle perdrait les bons jus de cuisson.)

SERVIR en steak dans une assiette ou en burger dans du pain, avec des oignons frits et une sauce tartare, si désiré.

-

OIGNONS FRITS

1 oignon en rondelles

125 ml (½ tasse) de polenta fine

125 ml (½ tasse) d'huile de canola ou d'arachide

PANER les rondelles d'oignon avec la polenta. Réserver.

CHAUFFER l'huile dans une poêle à feu moyen-vif. Frire l'oignon, quelques rondelles à la fois pour ne pas surcharger la poêle, jusqu'à ce qu'il soit doré.

ÉGOUTTER sur du papier absorbant.

-

CARRÉ D'AGNEAU

6 À 8 PERSONNES

2 gousses d'ail hachées

1 c. à soupe de moutarde de Meaux

1 c. à soupe d'origan ou de thym et / ou de romarin effeuillés

60 ml (¼ tasse) d'huile d'olive

3 c. à soupe de persil plat haché

2 carrés d'agneau

Salsa verde (ci-dessous)

Sel de mer et poivre du moulin

MÉLANGER les 5 premiers ingrédients dans un bol. Tartiner la viande et laisser reposer à la température ambiante pendant 45 min.

ASSAISONNER et griller de 5 à 6 min par face, pour un total d'environ 12 min. (Le thermomètre devrait indiquer 57 ºC / 135 ºF au centre pour une viande rosée.)

COUVRIR de papier d'aluminium et laisser reposer 5 min. Tailler les côtelettes entre les os.

SERVIR avec la salsa verde, des aubergines grillées, une salade de fenouil et radicchio ou une poêlée de choux de Bruxelles aux dattes (p. 218).

-

SALSA VERDE

250 ml (1 tasse) de basilic + 250 ml (1 tasse) de persil plat

2 gousses d'ail

1 ½ c. à soupe de câpres

2 ou 3 anchois rincés, épongés

1 c. à soupe de vinaigre de vin rouge

2 à 3 c. à soupe d'huile d'olive

2 c. à soupe de moutarde de Meaux ou de Dijon

Sel de mer et poivre du moulin

HACHER au couteau les herbes, l'ail, les câpres et les anchois.

AJOUTER le reste des ingrédients. Conserver au réfrigérateur de 2 à 3 jours.

-

POÊLÉE DE CHOUX DE BRUXELLES AUX DATTES

4 PERSONNES

1 c. à soupe d'huile d'olive

1 échalote française émincée

500 g (1 lb) de choux de Bruxelles parés, en quartiers

2 c. à thé de thym effeuillé

1 c. à soupe de miel*

1 c. à soupe de vinaigre de cidre

3 dattes Medjool en quartiers

2 c. à soupe de graines de citrouille

* Le miel d'été d'Anicet est incomparable.

CHAUFFER l'huile dans une poêle à feu moyen-vif. Faire dorer l'échalote de 4 à 5 min en remuant.

AJOUTER les choux de Bruxelles et cuire de 7 à 8 min, en arrosant d'un peu d'eau au besoin.

INCORPORER le thym, le miel, le vinaigre et poursuivre la cuisson 1 min.

COMPLÉTER avec les dattes et les graines de citrouille. Réchauffer 1 min avant de servir.

-

SALADE DE FENOUIL ET RADICCHIO

1 gousse d'ail jeune hachée finement ou râpée à la microplane

1 c. à soupe de moutarde de Meaux

1 c. à soupe de jus de citron

2 c. à soupe de vinaigre de vin rouge

5 c. à soupe d'huile d'olive

1 bulbe de fenouil émincé finement (à la mandoline, si possible)

1 radicchio émincé

1 bouquet de persil plat effeuillé

Sel de mer et poivre du moulin

FOUETTER les 5 premiers ingrédients en vinaigrette. Assaisonner.

RASSEMBLER le fenouil, le radicchio et le persil dans un grand bol.

ARROSER de vinaigrette et touiller.

-

TORTELLINIS À LA TURQUE

4 PERSONNES

500 g (1 lb) de tortellinis au fromage ou à la viande

80 ml (⅓ tasse) d'huile d'olive

1 gousse d'ail hachée finement ou râpée à la microplane

250 ml (1 tasse) de yogourt grec à la température ambiante

12 feuilles de menthe finement hachées

Paprika fumé ou sumac

CUIRE les tortellinis selon les indications du fabricant.

CHAUFFER l'huile dans une poêle à feu doux. Ajouter l'ail et laisser infuser de 3 à 4 min.

ÉGOUTTER les pâtes et verser l'huile parfumée dessus.

SERVIR les tortellinis dans des bols. Garnir de yogourt, de menthe et saupoudrer de paprika.

-

JARRETS D'AGNEAU AUX LENTILLES

2 PERSONNES

2 c. à soupe d'huile d'olive

2 jarrets d'agneau

1 oignon haché

4 gousses d'ail hachées

1 bâton de céleri émincé

1 carotte en dés

2 tomates en dés

6 branches de thym

2 feuilles de laurier

1 c. à soupe d'origan séché sur branche

1 tasse de vin rouge

250 ml (1 tasse) de lentilles du Puy cuites (ci-dessous)

Sel de mer et poivre du moulin

CUISSON DES LENTILLES

Faire bouillir 500 ml (2 tasses) d'eau dans une casserole. Baisser le feu, ajouter 250 ml (1 tasse) de lentilles et 3 branches de thym. Laisser mijoter jusqu'à ce que les lentilles soient à peine tendres (environ 20 min).

PRÉCHAUFFER le four à 160 ºC (325 ºF).

CHAUFFER l'huile dans une poêle profonde à feu vif. Assaisonner et saisir les jarrets. Réserver.

FAIRE REVENIR l'oignon, l'ail, le céleri, la carotte dans la même poêle. Assaisonner et cuire 5 min.

AJOUTER les tomates, les herbes, les jarrets et le vin.

COUVRIR de papier d'aluminium, enfourner et cuire 2 h.

AJOUTER les lentilles cuites et poursuivre la cuisson au four jusqu'à ce que la viande se détache de l'os (de 30 min à 1 h).

-

et des DESSERTS

GÂTEAU AU CHOCOLAT

6 À 8 PERSONNES

400 g (14 oz) de chocolat 70 % en morceaux

250 ml (1 tasse) de beurre non salé

125 ml (½ tasse) d'eau

6 œufs, les jaunes et les blancs séparés

180 ml (¾ tasse) de sucre de canne

180 ml (¾ tasse) de farine tout usage*

500 ml (2 tasses) d'amandes en poudre

GLAÇAGE

60 à 125 ml (¼ à ½ tasse) de crème 35 %

125 ml (½ tasse) de chocolat 70 % en morceaux

2 c. à soupe de miel

* Pour une version sans gluten, utiliser la farine tout usage de Bob's Red Mill.

PRÉCHAUFFER le four à 180 ºC (350 ºF). Tapisser un moule de papier parchemin fixé avec un peu de beurre.

METTRE le chocolat, le beurre et l'eau dans un bol. Faire fondre au bain-marie.

FOUETTER les jaunes et le sucre 3 min dans un grand bol. Ajouter le chocolat en brassant.

INCORPORER la farine et les amandes en poudre.

BATTRE les blancs en neige. Incorporer à l'appareil en pliant.

VERSER dans le moule et cuire jusqu'à ce que la pointe d'un couteau ressorte propre (environ 50 min).

Glaçage

CHAUFFER la crème dans une petite casserole et verser sur le chocolat et le miel.

TOUILLER jusqu'à ce que le chocolat fonde et verser sur le gâteau.

SOUFFLÉS AU CHOCOLAT

4 PERSONNES

1 c. à soupe de beurre non salé

1 c. à thé + 3 c. à soupe de sucre de canne ou de xylitol

125 ml (½ tasse) de chocolat 70 % en morceaux

3 gros œufs, les jaunes et les blancs séparés

Sucre glace ou sauce au chocolat (ci-dessous, facultatif)

SAUCE AU CHOCOLAT

Chauffer 60 à 125 ml (¼ à ½ tasse) de crème 35 % dans une casserole jusqu'au premier frémissement. Verser sur 125 à 180 ml (½ à ¾ tasse) de chocolat noir et fouetter doucement à la fourchette jusqu'à ce que le chocolat fonde. Parfumer, si désiré, avec 1 pointe de cayenne ou 1 pincée de cardamome.

THÉ MATCHA

Délayer 1 c. à thé de poudre de thé vert matcha dans un peu de lait de soya à la vanille. Ajouter progressivement 250 ml (1 tasse) de lait de soya à la vanille. Chauffer et faire mousser au fouet ou avec la buse de la machine à espresso.

PRÉCHAUFFER le four à 200 ºC (400 ºF). Beurrer 4 ramequins de 125 ml (½ tasse), saupoudrer les parois de 1 c. à thé de sucre et disposer sur une plaque.

FAIRE fondre le chocolat au bain-marie sans que le bol touche l'eau frémissante, ou au micro-ondes de 1 à 2 min. Réserver.

FOUETTER les jaunes et 3 c. à soupe de sucre dans un grand bol de 1 à 2 min. Incorporer doucement le chocolat au mélange. Réserver.

MONTER les blancs en neige ferme. Incorporer au chocolat en 3 fois, en pliant.

RÉPARTIR l'appareil dans les ramequins en les remplissant jusqu'à 1 cm (⅜ po) du bord. (Vous pouvez laisser attendre les soufflés dans les moules à la température ambiante de 1 à 2 h avant de les cuire.)

ENFOURNER 15 min.

SERVIR les soufflés chauds, simplement saupoudrés de sucre glace, ou briser doucement la surface pour garnir le centre de 1 à 2 c. à soupe de sauce au chocolat, si désiré. À la place du café, pourquoi ne pas l'essayer avec un thé matcha (ci-contre)...

GÂTEAU REINE-ÉLISABETH

8 PERSONNES

250 ml (1 tasse) d'eau bouillante

250 ml (1 tasse) de dattes dénoyautées et hachées

375 ml (1 ½ tasse) de farine non blanchie ou d'épeautre

1 c. à thé de poudre à pâte

1 c. à thé de bicarbonate de soude

½ c. à thé de sel de mer

60 ml (¼ tasse) de beurre non salé à la température ambiante

250 ml (1 tasse) de sucre de canne ou d'un mélange de sucre et de miel à parts égales

1 œuf

1 c. à thé d'extrait de vanille

GARNITURE

125 ml (½ tasse) de noix de Grenoble entières, coupées grossièrement

160 ml (⅔ tasse) de cassonade

80 ml (⅓ tasse) de beurre non salé

60 ml (¼ tasse) de crème 35 %

250 ml (1 tasse) de flocons de noix de coco non sucrée

PRÉCHAUFFER le four à 180 °C (350 °F). Beurrer un moule en métal de 23 cm (9 po).

VERSER l'eau bouillante sur les dattes et laisser tremper 25 min.

MÉLANGER la farine, la poudre à pâte, le bicarbonate de soude et le sel dans un bol. Réserver.

CRÉMER le beurre et le sucre au batteur électrique dans un grand bol, puis ajouter l'œuf et la vanille.

INCORPORER en alternance les ingrédients secs et les dattes réhydratées avec leur eau au mélange de sucre et de beurre.

VERSER l'appareil dans le moule et cuire au four environ 45 min, jusqu'à ce que la pointe d'un couteau ressorte propre.

Garniture

METTRE les noix, la cassonade, le beurre et la crème dans une petite casserole. Chauffer à feu moyen jusqu'à ce que la cassonade fonde (environ 4 min).

VERSER la garniture sur le gâteau encore chaud dans son moule, ou après l'avoir démoulé si vous le souhaitez. Saupoudrer immédiatement de flocons de noix de coco.

GÂTEAU AUX CAROTTES À L'HUILE D'OLIVE

12 PERSONNES

500 ml (2 tasses) de farine non blanchie

2 c. à thé de poudre à pâte

½ c. à thé de bicarbonate de soude

1 c. à thé de sel

1 c. à thé de cannelle + 1 c. à thé de gingembre + 1 c. à thé de cardamome + ½ c. à thé de muscade fraîchement râpée

3 gros œufs

180 ml (¾ tasse) de sucre de canne

180 ml (¾ tasse) de miel

250 ml (1 tasse) d'huile d'olive

1 c. à thé d'extrait de vanille

625 ml (2 ½ tasses) de carottes râpées

180 ml (¾ tasse) de purée de mangue (environ 1 mangue)

125 ml (½ tasse) de pacanes ou de noix coupées en deux

Glaçage au fromage à la crème ou carottes glacées (ci-dessous)

GLAÇAGE AU FROMAGE À LA CRÈME

Fouetter 3 min au batteur électrique 125 ml (½ tasse) de fromage à la crème avec 60 ml (¼ tasse) de beurre non salé et 1 c. à soupe d'extrait de vanille. Incorporer 2 c. à soupe de miel. Parfumer, si désiré, avec le zeste de ½ citron ou de ½ lime bio. Ce glaçage doit être conservé au frais. Je suggère de glacer les parts au fur et à mesure qu'elles seront mangées.

CAROTTES GLACÉES

Tailler une carotte en rubans à l'aide d'un économe. Chauffer 1 c. à soupe de beurre non salé dans une poêle à feu moyen et ajouter la carotte avec 1 c. à soupe de sucre de canne, de sirop d'érable ou de miel. Brasser jusqu'à évaporation du sirop. Arroser d'un trait de jus de citron et garnir le gâteau de ces carottes glacées.

PRÉCHAUFFER le four à 180 °C (350 °F). Beurrer un moule à gâteau.

MÉLANGER les ingrédients secs, sauf le sucre, dans un bol. Réserver.

BATTRE les œufs avec le sucre, le miel et l'huile dans un grand bol à l'aide d'un batteur électrique pendant 3 min.

RÉDUIRE la vitesse du batteur et incorporer la vanille et les ingrédients secs jusqu'à homogénéité.

AJOUTER les carottes, la mangue et les pacanes en brassant à la cuillère en bois.

VERSER dans le moule, attendre 15 min avant d'enfourner pour que les saveurs se développent.

CUIRE 55 min, jusqu'à ce que la pointe d'un couteau ressorte propre.

GARNIR le gâteau refroidi de glaçage au fromage à la crème ou décorer de carottes glacées.

-

GÂTEAU AUX BANANES

10 PERSONNES

125 ml (½ tasse) de cassonade

60 ml (¼ tasse) de miel ou de sucre de canne

125 ml (½ tasse) de beurre non salé à la température ambiante

4 bananes bien mûres écrasées à la fourchette

60 ml (¼ tasse) de lait ou de yogourt

1 c. à thé d'extrait de vanille

Zeste de 1 citron bio (facultatif)

2 œufs

500 ml (2 tasses) de noisettes en poudre ou de farine non blanchie*

1 c. à thé de bicarbonate de soude

½ c. à thé de cannelle

½ c. à thé de sel de mer

125 ml (½ tasse) de canneberges ou de raisins de Corinthe ou de bleuets séchés

125 ml (½ tasse) de pépites de chocolat (facultatif)

Garniture au miel et pacanes (ci-dessous, facultatif)

* Si vous utilisez de la farine non blanchie, vous pouvez ajouter 125 ml (½ tasse) de noix hachées dans la pâte en même temps que les canneberges.

GARNITURE AU MIEL ET PACANES

Chauffer 3 c. à soupe de miel dans une petite poêle. Dès qu'il fait des bulles, verser sur le gâteau et garnir de pacanes.

PRÉCHAUFFER le four à 180 °C (350 °F). Tapisser un moule à pain de papier parchemin fixé avec un peu de beurre.

FOUETTER la cassonade, le miel et le beurre dans un grand bol.

INCORPORER les bananes, le lait, la vanille et le zeste. Ajouter les œufs un par un en brassant.

MÉLANGER les noisettes en poudre, le bicarbonate de soude, la cannelle et le sel dans un bol. Incorporer au mélange précédent.

AJOUTER les canneberges et le chocolat, si désiré.

ENFOURNER de 45 min à 1 h, ou jusqu'à ce que la pointe d'un couteau ressorte propre.

ATTENDRE que le gâteau refroidisse avant de le démouler et de le garnir de miel et de pacanes, si désiré.

POUND CAKE À LA LAVANDE

Un quatre-quarts parfumé

10 PERSONNES

2 c. à soupe de fleurs de lavande*

2 c. à soupe + 250 ml (1 tasse) de sucre de canne

250 ml (1 tasse) de beurre à la température ambiante

1 c. à thé d'extrait de vanille

½ c. à thé de sel de mer

4 œufs à la température ambiante

750 ml (3 tasses) de farine non blanchie**

2 c. à thé de poudre à pâte

180 ml (¾ tasse) de yogourt

* La lavande « alimentaire » s'achète dans les épiceries fines et les magasins qui proposent des tisanes en vrac.

** Pour une version sans gluten, remplacer la farine par 375 ml (1 ½ tasse) de farine sans gluten de Bob's Red Mill + 375 ml (1 ½ tasse) d'amandes en poudre + 3 c. à thé de poudre à pâte + ½ c. à thé de gomme de xanthane (p. 273).

VARIANTES

Remplacer la lavande par 1 c. à soupe de romarin frais ou par le zeste de 1 citron bio.

PRÉCHAUFFER le four à 180 ºC (350 ºF). Tapisser un grand moule à charnière de papier parchemin fixé avec un peu de beurre.

BROYER la lavande avec 2 c. à soupe de sucre au moulin à café ou au mortier.

CRÉMER le beurre avec la lavande, le reste du sucre, la vanille et le sel au batteur électrique dans un grand bol pendant 2 min.

AJOUTER les œufs un par un en fouettant. Incorporer la farine, la poudre à pâte et le yogourt jusqu'à ce que l'appareil soit homogène.

VERSER l'appareil dans le moule et enfourner environ 45 min, jusqu'à ce que la pointe d'un couteau ressorte propre.

SERVIR avec des fruits et du yogourt. Ce gâteau se conserve très bien au congélateur, emballé dans une pellicule plastique.

-

PETITS GÂTEAUX AUX FRUITS

10 PETITS GÂTEAUX

250 ml (1 tasse) d'amandes en poudre

80 ml (⅓ tasse) de farine non blanchie*

½ c. à thé de sel de mer

125 ml (½ tasse) de beurre non salé fondu

80 à 125 ml (⅓ à ½ tasse) de miel

5 gros blancs d'œufs montés en neige (pics mous)

375 ml (1 ½ tasse) de petits fruits frais ou surgelés (framboises, bleuets, mûres, cerises) ou de tranches de pêche ou de poire

* Pour une version sans gluten, utiliser la farine tout usage de Bob's Red Mill.

PRÉCHAUFFER le four à 180 ºC (350 ºF). Beurrer 10 moules à muffins.

MÉLANGER dans un bol les 5 premiers ingrédients.

INCORPORER le tiers des blancs en neige en pliant, puis le reste. Réserver.

RÉPARTIR les fruits choisis dans le fond des moules, puis verser l'appareil dessus.

ENFOURNER pendant 20 min, jusqu'à ce que la pointe d'un couteau ressorte propre.

GÂTEAU AUX CLÉMENTINES

Glacé à l'orange sanguine

8 À 10 PERSONNES

5 clémentines ou
2 à 3 oranges sanguines
bio sans pépins

250 ml (1 tasse) de sucre de canne ou 180 ml (¾ tasse) de miel

6 œufs

1 c. à soupe d'eau de rose ou de fleur d'oranger (facultatif)

2 c. à thé de poudre à pâte

625 ml (2 ½ tasses) de noisettes ou d'amandes en poudre*

GLAÇAGE

Jus de 1 orange sanguine

5 c. à soupe de sucre glace bio

* Ou, selon votre goût, un mélange de noix broyées.

VARIANTE

Remplacer la purée d'agrumes par une grosse pomme crue, pelée et râpée.

PLACER les clémentines entières dans une casserole et couvrir d'eau. Porter à ébullition, puis réduire le feu et cuire à couvert pendant 30 min.

BROYER les clémentines en purée lisse au mélangeur.

PRÉCHAUFFER le four à 180 ºC (350 ºF). Tapisser un moule de papier parchemin fixé avec un peu de beurre.

MÉLANGER le sucre et les œufs 2 min.

INCORPORER l'eau de rose, si désiré, la poudre à pâte, la poudre de noisettes et la purée de clémentines. Mélanger afin d'obtenir une pâte homogène.

VERSER l'appareil dans le moule et enfourner 45 min, jusqu'à ce que la pointe d'un couteau ressorte propre.

ATTENDRE que le gâteau refroidisse complètement avant de le démouler et de le glacer.

Glaçage

INCORPORER progressivement le jus d'orange sanguine au sucre glace en fouettant jusqu'à obtenir une pâte assez onctueuse pour napper le gâteau.

VERSER sur le gâteau et laisser le glaçage s'étaler doucement, en le répartissant au besoin avec un couteau.

TARTE AU CITRON

... et à l'orange pour faire joli

6 À 8 PERSONNES

1 orange sanguine ou 1 citron bio en fines tranches

1 c. à soupe de sucre de canne

1 fond de tarte de 23 cm (9 po) ou 1 pâte à tarte au beurre (p. 250)

1 blanc d'œuf fouetté (facultatif) + 4 gros œufs

180 ml (¾ tasse) de sucre de canne ou 125 ml (½ tasse) de xylitol

Zeste et jus de 2 citrons bio

160 ml (⅔ tasse) de crème fouettée

PRÉCHAUFFER le four à 200 ºC (400 ºF).

PLACER les tranches d'orange sur une plaque tapissée de papier parchemin, saupoudrer de sucre et laisser macérer au moins 30 min.

DÉPOSER une feuille de papier parchemin ou d'aluminium sur le fond de tarte et verser des pois ou du riz dessus pour empêcher la pâte de gonfler. Enfourner 12 min.

ENLEVER les pois et le papier. Pour sceller, si désiré, badigeonner le fond de tarte de blanc d'œuf à l'aide d'un pinceau et remettre au four 2 min.

RÉDUIRE la température du four à 150 ºC (300 ºF).

FOUETTER les œufs avec le sucre, le zeste et le jus de citron. Incorporer la crème fouettée et verser l'appareil dans le fond de tarte précuit.

CUIRE au four jusqu'à ce que la garniture fige sous le doigt (environ 1 h 30). Garnir la tarte de tranches d'orange marinées 15 min avant la fin de la cuisson.

TARTE AUX FRAMBOISES

6 À 8 PERSONNES

125 ml (½ tasse) de sucre de canne ou 3 c. à soupe de miel

2 c. à soupe de fécule d'amarante

Zeste de 1 citron bio

Grains de 1 gousse de vanille

1 l (4 tasses) de framboises fraîches ou surgelées

1 fond de tarte de 23 cm (9 po) et quelques rubans de pâte ou 1 pâte à tarte au beurre (p. 250)

1 œuf battu

VARIANTES

Cette tarte est également délicieuse avec des pommes ou toutes sortes de petits fruits : fraises, bleuets, etc.

PRÉCHAUFFER le four à 180 ºC (350 ºF).

METTRE le sucre, la fécule d'amarante, le zeste de citron, les grains de vanille et les framboises dans un grand bol. Mélanger très délicatement.

VERSER le mélange dans le fond de tarte. Couvrir avec les rubans de pâte pour former un quadrillage.

DORER les rubans de pâte en les badigeonnant d'œuf battu à l'aide d'un pinceau.

CUIRE au four pendant 1 h 15.

SERVIR la tarte après l'avoir laissée reposer pour qu'elle soit à la température ambiante.

-

TARTE MINUTE AUX FRAISES

6 À 8 PERSONNES

1 pâte à tarte au beurre (ci-dessous) ou pâte feuilletée de boulangerie

125 ml (½ tasse) de crème 35 % ou une des variantes ci-dessous

1 c. à thé de sucre de canne ou de miel (facultatif)

2 casseaux de fraises coupées en deux

VARIATIONS SUR LA CRÈME FOUETTÉE

Alléger la crème en fouettant seulement 80 ml (⅓ tasse) de crème 35 % et en y ajoutant 80 ml (⅓ tasse) de yogourt grec 10 %.

Ajouter un soupçon de sucre, les grains de ½ gousse de vanille, du zeste de lime ou de citron bio, ou encore 2 c. à soupe de gingembre confit haché.

PRÉCHAUFFER le four à 180 ºC (350 ºF).

ROULER la pâte sur un comptoir légèrement fariné. Déposer dans un moule à tarte de 23 cm (9 po), faire quelques entailles. Congeler 15 min.

ENFOURNER la pâte et cuire 15 min.

FOUETTER la crème et ajouter le sucre à la fin, si désiré.

GARNIR le fond de tarte refroidi de cette crème fouettée et disposer les fraises.

PÂTE À TARTE AU BEURRE

310 ml (1 ¼ tasse) de farine non blanchie*

2 pincées de sel de mer

½ c. à thé de sucre de canne

125 ml (½ tasse) de beurre non salé

2 c. à soupe d'eau glacée

* La marque Bob's Red Mill propose une farine sans gluten « mélange à biscuits sablés » qui donne un très bon résultat.

METTRE la farine, le sel, le sucre et le beurre dans un robot. Mélanger par intermittence.

AJOUTER l'eau et mélanger, mais pas trop, jusqu'à ce qu'une pâte se forme. Rajouter 1 c. à soupe d'eau froide au besoin.

FORMER un disque de 2,5 cm (1 po) d'épaisseur. Emballer dans une pellicule plastique et réfrigérer 1 h.

CLAFOUTIS AUX CERISES

... et à l'amarante

6 PERSONNES

1 à 2 c. à soupe de beurre non salé

500 ml (2 tasses) de cerises lavées et dénoyautées

2 œufs

60 ml (¼ tasse) de sucre de canne

Grains de 1 gousse de vanille

180 ml (¾ tasse) de lait ou de lait de coco frais (p. 55)

250 ml (1 tasse) d'amarante cuite (ci-dessous) ou 60 ml (¼ tasse) de farine non blanchie

CUISSON DE L'AMARANTE

Verser 125 ml (½ tasse) de graines d'amarante et 250 ml (1 tasse) de lait dans une casserole. Cuire à feu doux, en couvrant et en brassant de temps en temps. Ajouter un peu de lait au besoin, jusqu'à ce que les grains soient cuits (environ 30 min).

VARIANTES

Remplacer les cerises par des poires en quartiers, des bleuets, des mûres, etc.

PRÉCHAUFFER le four à 180 ºC (350 ºF).

BEURRER généreusement un plat rond ou carré de 23 cm (9 po) allant au four et répartir les cerises au fond.

FOUETTER les œufs, le sucre et la vanille pendant 2 min.

AJOUTER le lait et l'amarante cuite en brassant bien si elle est chaude.

VERSER l'appareil sur les cerises, répartir de petits morceaux de beurre sur le dessus et enfourner de 35 à 40 min.

SERVIR tiède ou froid.

CROUSTILLANT À TOUT FAIRE

Pour une croustade improvisée

250 ml (1 tasse) de gros flocons d'avoine à l'ancienne

180 ml (¾ tasse) de farine de riz brun

80 ml (⅓ tasse) de noix de coco râpée sucrée

2 c. à thé de cannelle

2 pincées de sel Maldon (en flocons) ou de fleur de sel

125 ml (½ tasse) de sirop d'érable

60 ml (¼ tasse) d'huile de canola

1 c. à thé d'extrait de vanille

60 ml (¼ tasse) de bleuets séchés (facultatif)

PRÉCHAUFFER le four à 180 ºC (350 ºF). Tapisser une plaque de papier parchemin.

MÉLANGER les 5 premiers ingrédients dans un grand bol. Réserver.

FOUETTER le sirop d'érable avec l'huile et la vanille dans un bol.

INCORPORER ce mélange aux ingrédients secs et brasser jusqu'à homogénéité. Ajouter les bleuets séchés, si désiré.

ÉTENDRE l'appareil sur la plaque et enfourner environ 15 min.

LAISSER refroidir complètement, puis détacher le croustillant en le cassant en morceaux.

CONSERVER dans un contenant hermétique pour faire des croustades instantanées en le déposant sur des fruits chauds comme la rhubarbe à la vanille (ci-dessous).

-

RHUBARBE À LA VANILLE

6 bâtons de rhubarbe en tronçons de 5 cm (2 po)

2 casseaux de framboises (facultatif)

125 ml (½ tasse) de sucre de canne ou de xylitol

Grains de 1 gousse de vanille

Zeste, en gros morceaux, et jus de 1 orange bio

PRÉCHAUFFER le four à 180 ºC (350 ºF).

METTRE tous les ingrédients dans un plat allant au four.

COUVRIR de papier d'aluminium et cuire au four 10 min. Découvrir et poursuivre la cuisson 7 min.

RETIRER le zeste et laisser tiédir.

-

BISCUITS COCO

24 BISCUITS

500 ml (2 tasses) de farine d'orge*

125 ml (½ tasse) de farine de coco

¾ c. à thé de sel de mer

½ c. à thé de bicarbonate de soude

½ c. à thé de poudre à pâte

125 ml (½ tasse) de sucre de canne

125 ml (½ tasse) de cassonade

310 ml (1 ¼ tasse) de lait de coco en conserve (p. 55)

2 c. à soupe d'extrait de vanille

180 ml (¾ tasse) de beurre non salé à la température ambiante

1 œuf (facultatif)

500 ml (2 tasses) de noix de coco râpée non sucrée

Cerises chaudes (ci-dessous)

Yogourt grec (facultatif)

* Pour une version sans gluten, remplacer par de la farine de riz.

PRÉCHAUFFER le four à 180 °C (350 °F). Tapisser une plaque de papier parchemin.

MÉLANGER les 5 premiers ingrédients dans un bol. Réserver.

FOUETTER le sucre et la cassonade avec le lait de coco, la vanille, le beurre et l'œuf, si désiré, dans un grand bol.

INCORPORER les ingrédients secs, ajouter la noix de coco râpée et amalgamer.

FORMER des boules, aplatir légèrement et déposer sur la plaque.

ENFOURNER de 10 à 12 minutes.

SERVIR avec des cerises chaudes et du yogourt grec, si désiré.

CERISES CHAUDES

Les cerises surgelées font de délicieux desserts, pas trop sucrés. Il suffit de les placer dans un plat allant au four et de les cuire à 180 °C (350 °F) pendant 20 min.

RAISINS À LA MÉLASSE DE GRENADE

4 À 6 PERSONNES

400 g (14 oz) de raisins sans pépins

1 à 2 c. à soupe de cassonade

3 c. à soupe de mélasse de grenade*

* Sucrée et acidulée, la mélasse de grenade peut remplacer une réduction de vinaigre balsamique. On l'achète dans les épiceries orientales.

PRÉCHAUFFER le four à 160 ºC (325 ºF).

METTRE les raisins dans un plat allant au four. Saupoudrer de cassonade et verser la mélasse de grenade.

ENFOURNER pendant 20 min.

SERVIR les raisins tièdes, avec du yogourt ou une crème glacée au café. Sans la cassonnade, ces raisins grillés accompagnent très bien un filet de porc (p. 194).

-

GÂTEAU AU FROMAGE ET À LA RICOTTA

8 PERSONNES

500 g (1 lb) de ricotta

250 g (9 oz) de fromage à la crème

125 ml (½ tasse) de sucre de canne

4 œufs

Zeste de 1 orange ou de 1 lime bio

Zeste et jus de 1 citron bio

500 ml (2 tasses) de framboises fraîches ou autres garnitures (ci-dessous)

VARIER LES GARNITURES

Fruits frais : fraises, mangue, etc.

Fruits acidulés : canneberges cuites avec un peu de sucre, rhubarbe à la vanille (p. 254).

PRÉCHAUFFER le four à 180 °C (350 °F). Tapisser de papier parchemin le fond et les parois d'un moule à charnière de 23 cm (9 po).

FOUETTER les fromages avec le sucre à l'aide du batteur électrique. Ajouter les œufs un par un en fouettant, puis les zestes d'agrumes et le jus de citron.

VERSER l'appareil dans le moule. Cuire au four de 50 à 60 min, jusqu'à ce que le gâteau soit assez ferme.

REFROIDIR avant de démouler. Garnir de framboises fraîches ou d'autres fruits.

GRUAU MCCANN'S AU LAIT DE COCO

4 PERSONNES

500 ml (2 tasses) d'eau

125 ml (½ tasse) de gruau McCann's*

1 pincée de sel de mer

125 ml (½ tasse) de lait de coco frais (p. 55) ou de lait de vache

125 ml (½ tasse) de fruits au choix (bleuets, framboises, mangue en dés, banane en tranches)

2 à 4 c. à soupe de copeaux de noix de coco non sucrée

Sirop d'érable

Lait froid

* Il s'agit d'un gruau irlandais à grains entiers.

CHAUFFER l'eau dans une casserole, éteindre le feu dès qu'elle se met à bouillir et verser le gruau.

COUVRIR et laisser gonfler une nuit ou au moins 6 h à la température ambiante.

ÉGOUTTER l'excédent d'eau à l'aide du couvercle. Ajouter le sel et le lait de coco.

CUIRE à feu moyen jusqu'à la consistance désirée.

RÉPARTIR le gruau dans les bols. Garnir de fruits, de noix de coco, d'un trait de sirop d'érable et d'un peu de lait froid, au goût.

-

MUESLI NORDIQUE

4 PERSONNES

250 ml (1 tasse) de gros flocons d'avoine à l'ancienne

2 pommes râpées avec la peau

500 ml (2 tasses) de lait

3 c. à soupe d'amandes effilées ou autres noix

1 à 2 bananes en rondelles

60 ml (¼ tasse) de yogourt grec

1 trait de miel*

* Le miel d'été d'Anicet est incomparable.

METTRE l'avoine et la pomme dans un récipient hermétique, couvrir de lait et fermer le couvercle.

RÉFRIGÉRER une nuit ou au moins 6 h.

VERSER dans les bols. Garnir d'amandes, de banane, de yogourt et de miel, au goût.

-

YOGOURT GLACÉ AUX FRAMBOISES

4 À 6 PERSONNES

500 ml (2 tasses) de framboises surgelées

500 ml (2 tasses) de yogourt grec

125 ml (½ tasse) de xylitol ou de miel

Petits fruits (facultatif)

Meringues (facultatif)

Loukoums (facultatif)

VARIANTES

Remplacer les framboises par n'importe quel fruit préalablement congelé.

Aromatiser la préparation avec 1 c. à soupe d'eau de rose ou les graines broyées de 5 à 6 gousses de cardamome.

Ajouter au service un coulis de miel et quelques pistaches sur chaque portion.

BROYER les ingrédients au mélangeur et verser dans un petit contenant rectangulaire d'environ 10 à 15 cm (4 à 6 po).

PLACER au congélateur pendant 2 h.

COUPER des tranches de 2 cm (¾ po) d'épaisseur et servir avec des petits fruits, des meringues ou des loukoums, si désiré.

-

GÂTEAU CHIFFON DES FÊTES

Tant de souvenirs

12 PERSONNES

450 ml (1 ¾ tasse) de farine non blanchie tamisée

3 c. à thé de poudre à pâte

5 œufs, les jaunes et les blancs séparés

375 ml (1 ½ tasse) de sucre blanc

125 ml (½ tasse) d'huile de canola

180 ml (¾ tasse) d'eau froide

½ c. à thé de crème de tartre

Mousse à l'érable (ci-dessous)

MOUSSE À L'ÉRABLE DE MAMAN

Battre 3 ou 4 blancs d'œufs jusqu'à ce que des pics se forment. Chauffer 330 ml (1 ⅓ tasse) de sirop d'érable jusqu'à ce que le thermomètre atteigne 113 °C (235 °F). Verser doucement le sirop chaud sur les blancs en neige, en battant à vitesse moyennement haute, jusqu'à ce que la meringue devienne lustrée.

SUCRE À LA CRÈME

Amener 1 boîte (540 ml / 19 oz) de sirop d'érable et 400 ml (1 ⅔ tasse) de crème 35 % à ébullition dans une casserole. Réduire le feu tout en conservant un frémissement jusqu'à ce qu'une goutte de sirop se tranforme en boule en tombant dans un verre d'eau froide. Verser dans un bol et fouetter au batteur électrique jusqu'à ce que l'appareil cristallise (environ 10 min). Transférer dans un moule tapissé de papier parchemin.

PRÉCHAUFFER le four à 160 ºC (325 ºF).

METTRE la farine et la poudre à pâte dans un bol. Réserver.

FOUETTER les jaunes d'œufs et le sucre au batteur électrique pendant 2 min dans un grand bol.

AJOUTER l'huile et l'eau. Continuer à battre 1 min. Incorporer la farine.

MONTER les blancs en neige ferme avec la crème de tartre. Incorporer à l'appareil en 3 fois, en pliant.

VERSER dans un moule à cheminée (non beurré et non fariné). Cuire environ 1 h, jusqu'à ce que la pointe d'un couteau ressorte propre.

RETOURNER le moule à l'envers et attendre 2 h avant de démouler le gâteau en passant un couteau le long des parois.

NAPPER le gâteau de mousse à l'érable ou conserver au congélateur, emballé dans une pellicule plastique.

mousse
à l'érable

gateau
chiffon

sucre à
l'érable

petits choux

PETITS CHOUX

18 PETITS CHOUX

180 ml (¾ tasse) d'eau

80 ml (⅓ tasse) de beurre non salé

1 à 2 pincées de sel de mer

180 ml (¾ tasse) de farine non blanchie*

3 œufs

Garnitures, au choix (ci-dessous)

* Pour une version sans gluten, utiliser la farine tout usage de Bob's Red Mill en y ajoutant ¼ c. à thé de gomme de xanthane (p. 273).

GARNITURES

Crème fouettée et fruits frais

Crème glacée et sauce au chocolat (p. 232)

PETITS CHOUX SALÉS

Ajouter 4 c. à soupe de parmesan pour une version salée. Servir en vol-au-vent miniatures avec la préparation du pâté au poulet (p. 180) ou de la cassolette de poisson (p. 166).

PRÉCHAUFFER le four à 220 ºC (425 ºF). Tapisser une plaque de papier parchemin.

CHAUFFER l'eau, le beurre et le sel dans une casserole à feu moyen.

AJOUTER la farine au beurre fondu en une seule fois et amalgamer avec une cuillère en bois.

POURSUIVRE la cuisson de 3 à 5 min en brassant constamment pour assécher la pâte.

TRANSFÉRER dans un grand bol et laisser tempérer au moins 5 min.

INCORPORER les œufs un par un en brassant vigoureusement.

DÉPOSER 1 à 2 c. à soupe par chou sur la plaque (pour un meilleur résultat, transférer l'appareil dans un sac hermétique et couper un coin).

ENFOURNER et cuire 10 min à 220 ºC (425 ºF), puis 15 min à 180 ºC (350 ºF) selon la taille des choux.

-

YOUPI PIE !

Une réinterprétation du whoopie pie au chocolat

8 PERSONNES

500 ml (2 tasses) d'amandes en poudre

60 ml (¼ tasse) de cacao de qualité

1 c. à thé de bicarbonate de soude

1 c. à thé de poudre à pâte

2 œufs

60 ml (¼ tasse) de sucre de canne ou d'un mélange de xylitol et de sucre de canne à parts égales

80 ml (⅓ tasse) d'huile de canola ou de beurre ou de lait de coco non allégé en conserve

1 c. à thé d'extrait de vanille

1 c. à thé de vinaigre de vin blanc ou de cidre

Glaçage au fromage à la crème (p. 236) ou guimauve fondue Fluff

WHOOPIE PIE

Pour une version traditionnelle, remplacer les amandes en poudre par de la farine non blanchie.

RED VELVET

Ajouter simplement quelques gouttes de colorant rouge à l'appareil.

PRÉCHAUFFER le four à 180 °C (350 °F). Tapisser une plaque de papier parchemin.

RASSEMBLER les amandes en poudre, le cacao, le bicarbonate et la poudre à pâte dans un bol. Réserver.

FOUETTER les œufs, le sucre, l'huile, la vanille et le vinaigre dans un grand bol pendant 1 min.

INCORPORER les ingrédients secs. Mélanger.

DÉPOSER 1 à 2 c. à soupe de l'appareil sur la plaque pour faire des petits tas. Enfourner et cuire de 15 à 18 min.

GARNIR les galettes refroidies avec 1 c. à soupe de glaçage au fromage à la crème ou de guimauve fondue juste avant de déguster. Non glacées, elles se conservent jusqu'à une semaine au réfrigérateur dans un sac hermétique.

BEIGNES AUX AMANDES

Sans œufs, sans lait, sans farine!

18 PETITS BEIGNES

250 ml (1 tasse) d'amandes ou de noisettes en poudre

250 ml (1 tasse) de farine de riz

125 ml (½ tasse) de cassonade ou 80 ml (⅓ tasse) de miel

1 c. à thé de poudre à pâte

Zeste de 1 citron bio + jus de ½ citron

1 c. à thé d'extrait de vanille

60 ml (¼ tasse) d'huile de canola

160 ml (⅔ tasse) de lait d'amande ou de soya

1 pincée de sel de mer

PRÉCHAUFFER le four à 180 ºC (350 ºF). Beurrer des moules à beignes.

METTRE tous les ingrédients dans un bol et mélanger.

TRANSVIDER dans un sac plastique refermable. Couper un petit coin et remplir les moules à beignes.

CUIRE 15 min et laisser tempérer avant de démouler.

GLACER en trempant légèrement les beignes dans la sauce au chocolat des soufflés (p. 232), ou dans le glaçage à l'orange sanguine du gâteau aux clémentines (p. 244).

-

ARTISAN
unplug before inserting or removing parts

FARINES

Cuisiner sans gluten

« Encore une autre allergie ! Ou plutôt un truc à la mode pour perdre du poids... » Pourtant, ce qu'il y a de bon quand on adopte une alimentation sans gluten, c'est qu'au lieu de restreindre ses options, on trouve des solutions nouvelles. On s'ouvre à plus de variété et on redécouvre des farines utilisées depuis bien longtemps, comme la farine de pois chiches avec laquelle les Indiens font des crêpes et les Arabes des falafels.

CE QU'IL FAUT EXCLURE

En gros, on met de côté le blé et le malt omniprésents dans les aliments industriels. Les céréales anciennes comme l'épeautre et le kamut contiennent également un peu de gluten ; le seigle et l'orge aussi, mais pas autant que notre blé transformé. Le gluten est utilisé comme épaississant dans de très nombreuses préparations du commerce que les personnes allergiques ou intolérantes devront absolument éviter (produits laitiers allégés, sauces). À vous de savoir quelles sont les raisons qui vous font adopter ce régime et jusqu'à quel point il vous faut être zélés.

LA VARIÉTÉ DES SUBSTITUTS

Pour le reste, amusez-vous ! Les choix de farine sans gluten sont en effet très nombreux :

- Le riz, la pomme de terre, la noix de coco, les fèves et pois, la châtaigne et le tapioca sont sans gluten...
- Le quinoa, le sarrasin et l'amarante, qui ne sont pas des graminées, n'en contiennent pas non plus.
- Le millet et le sorgho sont des céréales sans gluten. L'avoine et le maïs aussi, mais ils peuvent être moins bien tolérés. Mieux vaut les choisir bio et s'assurer qu'ils n'ont pas été en contact avec d'autres céréales.

En privilégiant la qualité et la diversité, on s'intéresse davantage à ce qu'on mange et le plaisir en est décuplé.

COMMENT REMPLACER LA FARINE DE BLÉ

Ce qui rend le gluten si particulier, c'est l'élasticité qu'il confère à la pâte. Il permet une texture agréable et aérienne difficile à imiter et, pour le remplacer, il n'y a pas vraiment de recette miracle.

Personnellement, comme je trouve plutôt compliqué et coûteux d'avoir à me munir de quatre sortes de farines différentes pour un seul gâteau, j'utilise les mélanges de la marque Bob's Red Mill. Je les combine à des amandes ou des noisettes en poudre, pour le goût, la texture et les propriétés nutritionnelles. En incorporant du yogourt ou du babeurre, je rééquilibre le moelleux. Parfois, j'ajoute même une demi-cuillère à thé de gomme de xanthane pour gagner en élasticité.

À l'occasion, comme pour le gâteau chiffon des Fêtes (p. 266), je renonce tout simplement à modifier la recette pour préserver le vrai goût de mon enfance.

Mes soupes, mes salades et un grand nombre de mes repas sont naturellement sans gluten. Dans ce livre, je me suis efforcée de suggérer des solutions pour adapter les autres recettes et élargir votre palette — en couvrant par exemple un pâté au poulet (p. 180) de petits scones faits avec de la poudre d'amandes et de la farine sans gluten (p. 172).

MENUS

Automne — Hiver

FÊTE DU TRAVAIL

Un long week-end où l'on veut rester dehors au soleil, près du barbecue.

Crevettes à la bière (p. 168), en entrée

Brochettes de bison (p. 212)

Salade ranch au brocoli (p. 112)

Tarte minute aux fraises (p. 250)

ACTION DE GRÂCE

Pour réunir toute la famille et profiter des belles récoltes.

Soupe grand-mère au chou (p. 50), en remplaçant le riz par de la courge

Cassoulet minute (p. 192) ou poulet aux herbes (p. 178)

Tarte aux pommes, à partir de la recette de tarte aux framboises (p. 248)

NOËL

Pas trop loin de la tradition, pour plaire à tous.

Blinis à la pomme de terre et saumon gravlax confit à l'huile d'olive (p. 120)

Velouté de courge au cidre (p. 36)

Dinde aux herbes, à partir de la recette du poulet aux herbes (p. 178)

Purée de topinambour et tahini (p. 144)

Salade de fenouil et radicchio (p. 218), en ajoutant quelques suprêmes d'orange

Gâteau au chocolat (p. 230) cuit dans un moule rectangulaire, en forme de bûche

JOUR DE L'AN

Des lentilles pour apporter la prospérité.

Ceviche aux agrumes (p. 110)

Jarrets d'agneau aux lentilles (p. 222)

Salade d'oranges aux olives (p. 74)

Gâteau aux carottes à l'huile d'olive (p. 236)

SAINT-VALENTIN

Il est si simple de faire de l'effet.

Lait de panais au coing (p. 28)

Spaghetti vongole (p. 174)

Petits choux (p. 268)

MENUS

Printemps — Été

REPAS DE PÂQUES

L'agneau et le gâteau sont de circonstance.

Radicchio et poire japonaise en salade (p. 82)

Carré d'agneau (p. 216)

Purée de pois verts et menthe (p. 144)

Salade de betteraves et carottes du Moyen-Orient (p. 92)

Gâteau chiffon des Fêtes (p. 266)

PIQUE-NIQUE

Les plaisirs de l'été.

Soupe froide de mangue au gingembre (p. 16) à boire

Poulet saltimbocca (p. 186) servi froid

Salade de concombre aux bleuets (une variante de la salade de concombre à la grenade, p. 76)

Salade de lentilles du Puy aux jeunes betteraves (p. 100)

Petits gâteaux aux fruits (p. 242)

DÎNER PRINTANIER

Une autre raison de fêter.

Pot-au-feu de jeunes légumes (p. 30)

Vitello tonnato (p. 200)

Risotto printanier (p. 158)

Yogourt glacé aux framboises (p. 264)

FÊTE D'ENFANTS

Ils ne resteront peut-être pas à table... mais ils y reviendront.

Macaroni à la viande (p. 208) ou kébabs au poulet (p. 128)

Salade César (p. 184)

Youpi pie (p. 269) et fruits frais

MENU DES VOISINS

Pour une fête de ruelle bigarrée.

Sandwichs au crabe du Québec (p. 126), en entrée

Fraises et tomates en gaspacho (p. 24)

Bœuf (bavette) mariné grillé et frites de patate douce au four (p. 210)

Salade de kale à la sicilienne (p. 94)

Pound cake à la lavande (p. 240)

BRUNCH

Le repas où tout est permis.

Ajo blanco (soupe espagnole rafraîchissante, p. 22)

Salade BLT (p. 114)

Déjeuner anglais (saucisses maison, p. 152)

Fraises, avocat et chèvre en salade (p. 88)

MENUS

Qui vient dîner ce soir ?

DÎNER CLASSIQUE

Des valeurs sûres.

Crème de topinambour, fenouil et céleri-rave (p. 34)

Quasi de veau, poêlée de champignons sauvages et légumes verts (p. 202)

Gâteau aux clémentines (p. 244)

DÎNER POUR INITIÉS

Quand on connaît assez ses invités pour savoir ce qu'ils aiment.

Tortilla de patatas (p. 146), en bouchées

Pappa al pomodoro (soupe italienne à la tomate fraîche, p. 32)

Paella de Valencia (p. 176)

Kale et bette à carde poêlés (p. 186)

Tarte au citron (p. 246)

DÎNER PARFUMÉ

Aux couleurs de l'Asie.

Salade de légumes crus à l'asiatique (p. 80), en entrée

Soupe thaï de poulet au lait de coco (p. 52)

Salade de riz défendu aux crevettes (p. 102)

Soufflés au chocolat (p. 232), avec une pointe de cayenne dans le coulis

DÎNER MAROCAIN

La convivialité de quelques plats déposés sur une table.

Salade de chou-fleur à la marocaine (p. 78)

Truites aux épices marocaines (p. 162)

Tajine de lapin aux olives (p. 190)

Raisins à la mélasse de grenade (p. 258), servis avec une crème glacée au café

UN SOIR DE SEMAINE

Quand on n'a pas envie de cuisiner.

Crêpes-repas et crêpes Suzette (p. 154)

Un immense merci à Anne-Saskia Barthe, qui a dirigé le livre du début à la fin. Merci à Louise Loiselle, Marie-Claude Barrière et Nelly Desmarais, qui ont lu, relu et testé les recettes.
Merci à Dominique Lafond, avec qui j'ai le bonheur de travailler et qui rend tout très beau et alléchant !
Merci à Annie Lachapelle, un grand talent et une grande « travaillante », et à ses collaborateurs de l'Atelier Chinotto.
Merci à Julie Richard, qui m'a aidée en cuisine et qui fait des grillades à la perfection !

Merci à ma famille : mes tantes, mes oncles, qui ont tous acheté le premier livre et qui croient en moi. À mon père, pour en avoir fait la distribution, à ma sœur, qui l'a offert à tous ceux qu'elle connaît. À mes frères, avec qui j'ai appris à cuisiner en cachette !

Merci à Alexia, Clara et Roger qui ont mangé les tests de recettes qui ne sont pas toujours parfaits et qui n'ont rien dit !
Merci à Jean-François et France de m'avoir aidée à nettoyer la cuisine après chaque session de photos.
À Alexia, qui range la maison au grand complet : mes livres, mes papiers, mes factures, mes notes de recherche...

Merci aux équipes de Zone3, de Télé-Vision, de Radio-Canada, de V.
Merci à Guylaine Lessard et Loblaws pour leur confiance.
Merci à Marc-André Royal et Jean-Michel Dufaux, avec qui j'ai eu l'immense plaisir de travailler tous les jours pendant toute une année. J'ai appris beaucoup avec toi, Marc-André.
Merci à toute l'équipe de *La Cantine* !

Merci à tous mes partenaires de Soupesoup, spécialement à Caro Desgagné.

Et une pensée tendre pour Nicole Durand qui a si bien accompagné mon premier livre.

Bisous ! xxx

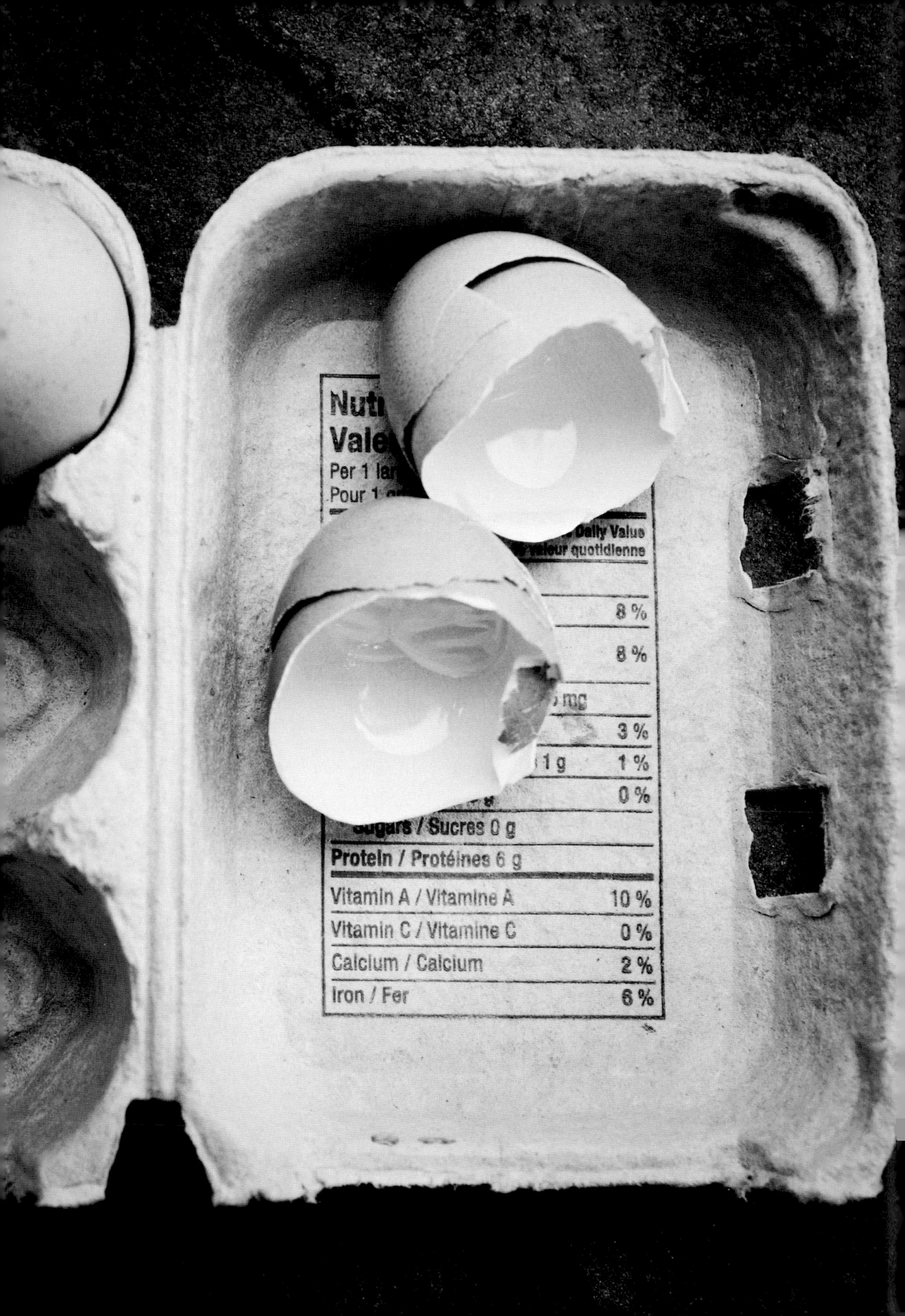

Daily Value
valeur quotidienne
8 %
8 %
3 %
1 %
0 %
Sugars / Sucres 0 g
Protein / Protéines 6 g
Vitamin A / Vitamine A 10 %
Vitamin C / Vitamine C 0 %
Calcium / Calcium 2 %
Iron / Fer 6 %

INDEX

LISTE D'ÉPICERIE

Un ePub complémentaire gratuit

Téléchargez les listes d'ingrédients de ce livre... sur notre site internet

WWW.FLAMMARION.QC.CA

UNE LISTE D'ÉPICERIE TOUJOURS AVEC VOUS !

Le ePub complémentaire gratuit Liste d'épicerie Soupesoup à la maison vous permet d'emporter partout les listes d'ingrédients de chacune des recettes du livre dans un format adapté aux téléphones intelligents. Où que vous soyez pour planifier vos repas et faire vos courses, vous pourrez vous remémorer les ingrédients à acheter et vous assurer qu'il ne vous manquera rien en arrivant chez vous.

QU'EST-CE QU'UN EPUB* ET COMMENT LE LIRE ?

Le ePub est un format de livre numérique compatible avec tous les appareils mobiles – tablettes, liseuses, téléphones intelligents –, ainsi qu'avec différentes applications de lecture sur ordinateur.

Si vous n'avez jamais ouvert de ePub, il faudra simplement que vous téléchargiez au préalable l'une des nombreuses applications gratuites qui permettent d'en lire.

* La mise au point de cet ePub complémentaire a été rendue possible grâce à la collaboration de Studio C1C4.